"La pastora Kimberly tiene la palabra justa para nuestra generación. Conocemos a la persona que hay dentro de la predicadora, y hemos visto a la predicadora detrás del púlpito: ¡ella es completamente auténtica!".

—Pastores Wiley y Jeana Tomlinson
New Covenant Ministries, Jacksonville, Florida

"Nuestra buena amiga, Kimberly Daniels, es un trofeo especial de la gracia de Dios. Ella siempre ha hecho todo con excelencia. Fue una excelente pecadora, hizo todo lo que el mundo tenía para ofrecer. Fue una magnífica atleta, entrenando duro y esforzándose por ser la mejor y la más rápida. Pero ahora ella es una excepcional cristiana que sirve a Dios, trabajando decididamente con casos difíciles en lugares difíciles. Ella es sin la menor duda uno de los peores enemigos de Satanás. Usted se enamorará de Kimberly mientras lee su libro".

—Dr. C. Peter y Doris Wagner
Vicepresidente y embajador apostólico
de Global Spheres Inc.

Del
DESASTRE *al*
MILAGRO

Del DESASTRE *al* MILAGRO

KIMBERLY DANIELS

CASA
CREACIÓN

Del desastre al milagro por Kimberly Daniels
Publicado por Casa Creación
Una compañía de Charisma Media
600 Rinehart Road
Lake Mary, Florida 32746
www.casacreacion.com

Las citas de la Escritura marcadas (BTX) corresponden a la Biblia Textual Reina Valera, Ed. 2010 © 2010 Sociedad Bíblica Iberoamericana, Inc. Usada con permiso.

Las citas de la Escritura marcadas (RV1909) corresponden a la Santa Biblia Reina Valera Revisión 1909. © Sociedades Bíblicas Unidas. Usada con permiso.

Las citas de la Escritura marcadas (TLA) corresponden a la Traducción en lenguaje actual Copyright © Sociedades Bíblicas Unidas, 2000. Usado con permiso.

La grafía y el significado de los términos griegos corresponden a la *Nueva concordancia exhaustiva de la Biblia de Strong*, de James Strong, Editorial Caribe, 2003. Usada con permiso.

Traducido por María Mercedes Pérez, María Bettina López y María del C. Fabbri Rojas. Coordinación, revisión de la traducción y edición: María del C. Fabbri Rojas
Director de diseño: Justin Evans

Originally published in the U.S.A. under the title:
From a Mess to a Miracle
Published by Charisma House, A Charisma Media Company,
Lake Mary, FL 32746 USA
Copyright © 2002
All rights reserved

Visite la página web de la autora:
www.kimberlydanielsministries.com

Copyright © 2014 por Casa Creación
Todos los derechos reservados

Library of Congress Control Number: 2014943387
ISBN: 978-1-62136-854-0
E-book: 978-1-62136-924-0

Nota de la editorial: Aunque la autora hizo todo lo posible por proveer teléfonos y páginas de internet correctas al momento de la publicación de este libro, ni la editorial ni la autora se responsabilizan por errores o cambios que puedan surgir luego de haberse publicado.

14 15 16 17 18 — 9 8 7 6 5 4 3 2 1
Impreso en los Estados Unidos de América

Dedico este libro al hijo de la promesa de Dios, mi hijo Michael (Mike Mike). Fuiste el único hijo que crié en el mundo, y sé que no fue fácil. Doy gracias a Dios por su gracia y misericordia sobre tu vida. A pesar de todo lo que el enemigo ha enviado a tu camino, te mantuviste firme para glorificar el nombre del Señor. Tú tienes una gran herencia espiritual. Hagas lo que hagas, nunca dejes que el enemigo la detenga. ¡Es tuya! Continúa siempre el flujo de Dios en tu linaje, y sé un ejemplo para tus hermanos y hermanas menores. Recuerda, ellos siempre te están mirando.

Gracias por aguantarme a mí cuando yo no conocía al Señor, e incluso en los tiempos en los que no entendías lo que hacía contigo. Felicitaciones por tu gran logro. Sabemos que todo es de Dios, pero Él te usó a ti, Mike. Tú estabas en el lugar para tomar el relevo de las bendiciones generacionales. Alégrate, la maldición generacional se ha roto, y como tu madre, declaro las bendiciones de Abraham sobre cada área de tu vida y otorgo dignidad sobre ti como hombre valiente y esforzado.

Tu mamá,
PASTORA KIMBERLY

TABLA DE CONTENIDO

Prefacio por el obispo George G. Bloomer xiii

1. El mensaje 1

2. El espíritu de pobreza 19

3. Discernimiento de espíritus 31

4. Idolatría. 53

5. Mi moderna experiencia
   en el monte Carmelo 75

6. La prosperidad de la posteridad 103

7. Tratar con nuestras raíces. 133

8. La temporada de la serpiente:
   El espíritu del reptil 147

Conclusión 167

PREFACIO

RECUENTEMENTE HE SIDO TESTIGO DE LA asombrosa capacidad de Dios para transformar un sórdido caos en un magnífico milagro. Kimberly Daniels, una mujer que conoce de primera mano innumerables capacidades de Dios, quita valientemente de un tirón la cubierta del campo del enemigo y expone sus obras tenebrosas.

Durante demasiado tiempo, la Iglesia ha tenido temor de confrontar los actos flagrantes de actividad demoníaca, pero hoy Dios está levantando modernos Juanes Bautistas que no tienen miedo de clamar en voz alta y no dejan pasar nada. Su desafiante ministerio de confrontar y aniquilar el reino de tinieblas mientras mantiene una piadosa humildad, ha permitido que su don sea continuamente alimentado por Dios como un vaso para liberar a los cautivos.

Ella tiene una sorprendente manera de ver la naturaleza de animales y compararlos con atributos sobrenaturales de las fuerzas demoníacas. Por medio de este conocimiento revelado ella puede psicoanalizar espiritualmente su ataque demoníaco al identificar su raíz y lograr, al mismo tiempo, que usted sea libre. He trabajado con Kimberly Daniels durante muchos años y sé que *Del desastre al milagro* es un asunto muy oportuno y un muy necesario llamado de atención para todo el Cuerpo.

Durante años he confrontado el espíritu de "lesbos", el cual en realidad es un espíritu de control y manipulación. Cuando la perversión y la inmoralidad parecen convertirse en la norma más aceptable, el Cuerpo de Cristo debe ser lo suficientemente valiente como para tomar una posición. Romanos 1:21 dice: "Pues habiendo conocido a Dios, no le glorificaron como a Dios, ni le dieron gracias, sino que se envanecieron en sus razonamientos, y su necio corazón fue entenebrecido".

Kimberly Daniels no solo confronta fantasías vanas que lo atraen a uno a un cenagal de confusión, sino que además conduce al lector a la fuente de liberación. Para muchos, la transición del mundo a la Iglesia puede ser muy intimidante, confusa y engañosa, pero ella ilumina a los lectores con palabras de consuelo para que se aferren a su liberación y eviten enredarse de nuevo en el yugo de esclavitud. Ella explica que no es la tradición ni la religión lo que se le debe presentar al individuo, sino la persona de Jesucristo. Mientras ella le informa de la capacidad que usted tiene por medio de Cristo no solo para discernir sino también para disipar las obras de las tinieblas, usted será investido de poder para convertir las situaciones más caóticas en un mensaje de Dios.

Al leer las páginas de este libro, usted será liberado del espíritu de temor, de intimidación, de perversión y de otras fortalezas impías que desean dejarlo a usted pendiente de un patrón circular y evitar que pueda plantarse en un fundamento sólido. Usted se dará cuenta de que ya no tiene que luchar con las fuerzas demoníacas y aceptar las cartas dadas cuando es Satanás el que las reparte. Recuerde, usted controla el juego. Aunque el enemigo cree el desastre, ¡usted tiene poder para provocar el milagro!

Del desastre al milagro es un poderoso recordatorio de que a usted le ha sido dada "potestad de hollar serpientes y escorpiones, y sobre toda fuerza del enemigo, y nada os dañará" (Lucas 10:19), cuando sabe quién es en Cristo. Aunque el arma se puede formar, usted tiene el poder de determinar hasta qué punto puede prosperar.

—Obispo George G. Bloomer
Pastor principal, Bethel Family Worship Center
Durham, Carolina del Norte

Capítulo 1

El mensaje

O RLANDO, Florida, es conocida en todo el mundo como un lugar para vacacionar. Yo había estado en esa ciudad muchas veces con mi familia, pero esta visita no fue una escapada para relajarnos. Estaba programado que yo hablara en el retiro anual de mujeres de la Church of God de Florida y estaba aterrada. Todo a mi alrededor parecía agrandado y yo me sentía muy pequeña. El hotel donde me alojaba parecía una inmensa montaña, y la conferencia era más grande que cualquier otra a la cual hubiera asistido. Mi corazón latía con fuerza.

Yo había llegado tarde y no tuve tiempo para entrar a mi habitación. La pastora Joy, una de mis mentoras en la iglesia, me recibió en la puerta principal para hacerme saber que solo tenía quince minutos antes de que comenzara la reunión. Había mujeres en todas partes, con grandes y bonitos sombreros de todos los colores del arco iris. El corazón empezó a latir más rápido mientras contaba mentalmente el número de mujeres de la audiencia.

Los pasillos estaban tan llenos que un pequeño atasco hacía imposible entrar en la sala donde se desarrollaba mi taller. Mientras me movía vacilante hacia la puerta, silenciosamente esperaba que alguien anunciara: "¡Ha habido un error! ¡En realidad Kimberly Daniels no es la conferencista!". Me volví hacia la pastora Joy y le pedí que entrara al baño conmigo. Cuando entramos, le dije que estaba tan asustada que apenas podía respirar. Ella oró por mí, y aunque el corazón latía más despacio, mi mente se seguía moviendo a ciento cincuenta kilómetros por hora.

Al entrar a la sala del taller, me di cuenta de que había más de doscientas mujeres presentes. Me habían asignado enseñar sobre pasar de un desastre a un milagro. La hermana Miller, esposa del supervisor estatal, estaba segura de que ese era el mensaje que yo debía ministrar, pero yo seguía estando nerviosa. Solo conocía a dos personas en el edificio: a la hermana Miller y a la pastora Joy.

Cuando ya no pude prolongar más las cosas, me hallé de pie detrás del púlpito. Al abrir mi boca, las mujeres de la sala se acercaron al Jesús que estaba en mí. Sin formación de seminario y sin haber crecido en la iglesia, todo lo que tenía para ofrecerles era a Jesús. Yo no conocía las reglas, y no podía ver cómo podría encajar allí. El saber que había recibido una segura palabra del Señor me ayudó a lidiar con mis diferencias.

> Sin transformación no puede haber consagración.

Comencé por decirles a las mujeres que yo estaba segura de que me veía diferente a ellas, pero que ellas también me parecían un poco extrañas a mí. Mientras la multitud reía, se rompió el hielo, y logramos conocernos por el espíritu. Dios trató conmigo acerca del título "Del desastre al milagro", y me mostró que eso no era simplemente un mensaje, como mi mente natural lo concebía. La hermana Miller me asignó la tarea, pero las órdenes para predicar esta palabra vinieron directamente del cielo.

Dios abrió Romanos 12 en un nuevo ámbito. Comenzó a hablarme de transformación. Mire, de esto se trata la salvación. Sin transformación no puede haber consagración, y Dios no aceptará nada menos que la total consagración a Él. Según el libro de Romanos, el enemigo número uno de la transformación es la conformación. Romanos 12:2 nos dice claramente que no tenemos que conformarnos a las cosas del mundo, sino ser transformados.

El diablo es un infiltrado y trabaja como un operador interno. Él sabe que, como pueblo de Dios, no iremos a adorar abiertamente a la guarida de Satanás, así que ubica las herramientas de su reino en medio de la iglesia. Cuando nos comprometemos con el espíritu del mundo en la casa de Dios, nos conformamos al mundo. Nos convertimos en víctimas de la matriz, que es el sistema mundial, y estamos sujetos al dios de este mundo.

> En los cuales el dios de este siglo cegó el entendimiento de los incrédulos, para que no les resplandezca la luz del evangelio de la gloria de Cristo, el cual es la imagen de Dios.
> —2 Corintios 4:4

Fui lanzada a un nuevo nivel cuando Dios me mostró que mi autobiografía, *Against All Odds* (Contra viento y marea), era mi testimonio en las calles, pero mi testimonio en la iglesia estaba siendo transformando "de un desastre

a un milagro". La gente debe saber que aunque Dios puede
haberlos salvado y liberado milagrosamente, todavía deben
permitirle que Él limpie el desastre que hicieron mientras
estaban en el mundo. Hemos nacido de nuevo, pero hay
situaciones de nuestro pasado que aun no son redimidas. El
hecho es que hay algunas cosas que son imposibles de salvar
o de salvaguardar.

Salvaguardar algo es salvarlo o rescatarlo. Después de
un huracán la víctima trata de salvaguardar todo lo que se
puede seguir usando. También podemos afrontar el hecho
de que, después de que salimos de la tormenta de vivir en el
mundo, hay mucho que no puede ser salvaguardarse ni llevarse al Reino con nosotros. Las cosas tratan de seguirnos
del mundo en un intento por hacernos luchar con un estilo
de vida tibio para Cristo. Una temperatura tibia es el resultado de la mezcla de lo caliente con lo frío. No podemos
mezclar las maldiciones que dejamos atrás con las bendiciones que nos esperan. En la Biblia, Dios instruyó a su
pueblo a poner la bendición sobre una montaña y la maldición sobre la otra.

> Y cuando Jehová tu Dios te haya introducido en la
> tierra a la cual vas para tomarla, pondrás la bendi-
> ción sobre el monte Gerizim, y la maldición sobre el
> monte Ebal.
> —Deuteronomio 11:29

Es inútil tratar de vivir victorioso en Cristo con las viejas
formas siguiéndonos como sombras oscuras. En Efesios 4 se
nos dice que: (1) nos despojemos de las cosas que se refieren
al viejo hombre; (2) seamos renovados en nuestra mente; y
(3) nos vistamos del nuevo hombre. Estos tres principios son
una guía para una vida victoriosa. Cuando dejamos el viejo

hombre, eso nos ayuda a vivir salvos. Por otro lado, cuando nos vestimos del nuevo hombre, eso ayuda a que la gente con quien nos relacionamos a mantenerse salvas después de tratar con nosotros.

La razón por la cual muchos santos no pueden adaptarse a un estilo de vida estable semejante a Cristo es porque están tratando de redimir cuestiones de su pasado que no pueden ser rescatadas. Estas cuestiones deben ser entregadas a Dios para que Él pueda quitarlas de nuestras vidas. Tenemos una gran parte en esta liberación, pero solo Dios es el verdadero libertador. Cuando nos humillemos y permitamos que Dios nos muestre las áreas de nuestras vidas que necesitan ser tratadas, recibiremos el poder para resistir al diablo, ¡y él huirá!

> Pero él da mayor gracia. Por esto dice: Dios resiste a los soberbios, y da gracia a los humildes. Someteos, pues, a Dios; resistid al diablo, y huirá de vosotros.
>
> —SANTIAGO 4:6-7

Debemos permitir que Jesús limpie el desastre de nuestro pasado. Si esto no sucede, nuestros problemas pasados se infiltrarán en nuestra liberación presente. Es por esto que algunas personas no pueden declarar la bendición de "ser verdaderamente libres". Por la preciosa sangre de Jesucristo, cualquier desastre que el diablo haya puesto en mi vida cuando le serví, se ha determinado que ahora que soy salva eso obre para mi bien. ¡La clave es que primero tengo que nacer de nuevo!

Hay muchas cosas que se van después que aceptamos a Cristo; otras cosas se van después de que somos liberados y llenos del Espíritu Santo. Quiero apuntar a las cuestiones que es necesario resolver después de eso. Además, podemos ser sinceros con nosotros mismos: aun después de la liberación y la llenura del Espíritu Santo seguimos teniendo algunas cosas que Dios tiene que tratar. Pablo dijo que cuando trataba de hacer el bien, el mal siempre lo sacudía.

> Así que, queriendo yo hacer el bien, hallo esta ley: que el mal está en mí.
> —ROMANOS 7:21

Creo que este libro es un testimonio y una herramienta de guerra espiritual para una vida victoriosa que hará una diferencia en su vida si usted se lo permite. Tengo que ser transparente y contar un poco sobre mi desastre en la iglesia para que usted realmente pueda apreciar mi milagro. Mientras andamos con Dios, cometemos muchos errores en el camino, pero un error es solamente una pérdida de tiempo cuando no aprendemos de él. Si no aprendemos de nuestros errores, volveremos a cometerlos. Oro que usted aprenda de algunas de las cosas por las que pasé para que no tenga que pasar por ellas también. Por otro lado, hay algunas cosas que nunca entenderá hasta que usted las experimente de primera mano. Por lo menos, este libro puede ayudarle a saber que no se volverá loco mientras pasa por ellas.

Mi autobiografía originalmente se iba a titular *Del desastre al milagro*, pero Dios dijo que no, porque ese sería el título de mi próximo libro. La realidad es que había un completo desastre del cual tenía que salir antes de poder entregar este mensaje. Esta era una nueva clase de desastre. Era religioso, oscuro, y se le reía en su cara. Cuando las probabilidades estaban en contra de mí en las calles, yo podía insultar a la gente y pelear. En las calles normalmente sabíamos quiénes eran nuestros enemigos. Era duro, pero real.

Esta nueva clase de desastre eran la traición y la murmuración hipócrita. Nunca olvidaré cuando Emma McDuffie me profetizó ante una multitud de mi ciudad. Me dijo: "Sí, pequeña soñadora, tus hermanos y hermanas están a punto de lanzarte al pozo a causa de la visión". La semana siguiente, otro profeta dijo que me veía rodeada de serpientes.

Pensé que me rodeaban las personas más amorosas del mundo. No tenían nombres como Dragón y Asesino. Estas personas no distribuían drogas ni portaban armas ilegales con intención de usarlas. Estas personas no se quedaban toda la noche en los clubes ni insultaban ni peleaban. Llevaban Biblias, y se reunían en conferencias cristianas.

> **Si no aprendemos de nuestros errores, volveremos a cometerlos.**

Pero pronto descubrí que algunas personas eran más peligrosas con Biblias que otras con una calibre 45.

Lidiar con este nuevo tipo de desastre fue como boxear con sombras. El apóstol Pablo dijo que no luchaba como quien golpea el aire; él tenía un enemigo definido.

> Así que, yo de esta manera corro, no como a la ventura; de esta manera peleo, no como quien golpea el aire.
> —1 Corintios 9:26

En los fumaderos de crack tienen un término llamado "ghosting". Significa que usted sabe que hay algo ahí, pero no puede ver lo que es. Es así como me sentí en ciertas situaciones que afronté en el Cuerpo de Cristo. Yo sabía que algo se oponía a mí, pero todo lo que veía en lo natural eran rostros sonrientes. Mi espíritu decía que algo estaba mal, pero mi mente decía que solo estaba siendo criticona.

Recuerdo cuando descubrí que no todos en la iglesia eran nacidos de nuevo. Pensé: "¿Cómo puedo lidiar con este tipo de desastre y permanecer salva?" ¡Hoy me encuentro en victoria alabando a Jesucristo! Él envió una palabra que respondió la pregunta que había en mi mente. Él dijo: "¡No os conforméis!". La tradición y la religión no son de Dios, por lo tanto, son del mundo. La tradición es repetitiva y la religión es un enemigo del avivamiento. Estos dos hombres fuertes entran en la Iglesia con un disfraz.

Dios describió a los hijos de Israel como un pueblo de dura cerviz. El espíritu que estabiliza su agarre sobre el cuello de su víctima es el Leviatán. Una monstruosa criatura marina conocida por su feroz resistencia, Leviatán representa un hombre fuerte que es "rey sobre todos los soberbios" (Job 41:34). Es importante que los cristianos entiendan cómo opera este espíritu.

Sus escamas son su orgullo (Job 41:15, LBLA)

Estas escamas están entrelazadas en forma tan estrecha que el aire no entra entre ellas. La palabra "aire" es *rúakj* en hebreo, y representa el viento del avivamiento. Las escamas del orgullo son enemigos del avivamiento. Dios no podía hacer avanzar al pueblo de Israel debido a la dureza de su cerviz. La dureza de cerviz estorbará el mover de Dios.

Mira con desdén a todos los poderosos (Job 41:34, NVI)

La palabra hebrea para "mira", *raá*, significa ver, mirar, percibir. Segunda de Corintios 10:5 se refiere a "toda altivez que se levanta contra el conocimiento de Dios". La palabra "altivez" es *júpsoma* en griego, y significa que alguien se pone en un lugar elevado o tiene una actitud elevada. El Leviatán es el pestillo de la cosa alta. Lo contempla con alegría y lo fija en su lugar.

Su corazón es firme como una piedra (Job 41:24)

Una manifestación de orgullo y rebelión es la dureza de corazón. La rebelión es como el pecado (o el acto) de brujería (1 Samuel 15:23). Un rebelde es un brujo (la persona que realiza el acto). Las epístolas de Pedro y Santiago nos recuerdan que Dios resiste a los soberbios. Esto significa que Él se opone y se afirma contra el orgulloso. Dios nunca se enfrenta a sí mismo. Si Él se opone a eso, eso está del otro lado.

En su cuello radica su fuerza (Job 41:22, NVI)

La palabra hebrea para "cuello" es *tsavvár*, y se refiere a la parte posterior del cuello, donde se coloca el yugo. Isaías habla del día en que la carga será quitada del hombro y el yugo del cuello (Isaías 10:27).

Él es una "serpiente huidiza" y una "serpiente tortuosa" (Isaías 27:1, NVI)

El término *huidiza* significa que es un espíritu fugitivo. El espíritu de orgullo tiende a hacer inestable a la gente. Corre de un lado a otro como un mendigo o un vagabundo. La palabra *tortuosa* significa "espíritu sinuoso" o "camino equivocado". Una de las manifestaciones más fuertes del orgullo es el deseo de tener la razón. El orgullo nunca puede asumir la culpa y siempre necesita una coartada. La serpiente tortuosa siempre lleva a su víctima en la dirección equivocada.

La serpiente huidiza y la serpiente tortuosa suelen andar en una cuerda de tres hilos con la religión.

El espíritu de orgullo es el enemigo oculto que da pie al espíritu de apostasía. Aun cuando una persona piensa en volver a Dios, el orgullo ancla sus pasos y vigila que no lo haga.

Parece tan simple, pero es tan difícil. Dios nos dice que no seamos como el mundo, pero el cordón de tres dobleces del mundo intenta atraer a él todo lo que hay en nosotros. Nos engañamos cuando pensamos que Satanás y su reino no nos van a tentar. La Biblia dice que los que pensamos estar firmes debemos tener cuidado de no caer. En Mateo 4 Jesús fue tentado en el desierto. ¿Con qué fue tentado? Él fue tentado con el cordón de tres dobleces del mundo: (1) el poder, la falsificación de la unción ("di que estas piedras se conviertan en pan", v. 3); (2) la fama, la falsificación de la verdadera predicación del evangelio ("Hijo de Dios, échate abajo", v. 6); y (3) mamón "las riquezas", la falsificación de la verdadera prosperidad ("Todo esto te daré", v. 9).

A los efectos de este estudio, vamos a comparar el espíritu de Leviatán con el cordón de tres dobleces del mundo.

❉ Los deseos de la carne: el *espíritu religioso* que trata de servir a Dios por medio del ámbito carnal

❉ El deseo de los ojos: el *espíritu tortuoso* que ve las cosas de la manera que le place

❉ El orgullo de la vida: el *espíritu huidizo* (fugitivo), que siempre huye de Dios

El Leviatán siempre ha sido un importante hombre fuerte del mundo. En los últimos días este espíritu está aun más desenfrenado. A pesar de esto, Isaías 27:1 dice que habrá un día de juicio. Dios castigará a Leviatán y lo matará en el mar. ¿Qué hacemos mientras tanto? Debemos tratar a Leviatán como a cualquier otro demonio; resistirlo y *¡huirá!*

✣ ✣ ✳ ✣ ✣

Volviendo al retiro de mujeres, al fin estaba predicando. Mi aspecto hacía un fuerte contraste con las mujeres de la multitud. Yo usaba aros y un traje de pantalones en medio de un mar de mujeres que no usan pantalones, y tenía cinco dientes de oro que brillaban mucho. Pero cuando la unción vino a la sala, que me recibieran o no ya no fue un problema. La unción demandaba que recibieran a Jesús.

Los ojos de las mujeres de esa sala se iluminaron cuando comencé a predicar. Era como si pudiera oírlas pensar: "Nunca habíamos oído nada como esto". Ese es el fruto de la transformación. Cuando Dios nos transforma en lo que Él quiere que seamos, eso no puede duplicarse. La verdadera transformación hace que en nuestros ministerios se manifieste una singularidad por la cual solo Jesús mismo puede llevarse la gloria.

El mayor atributo de lo apostólico es que no se conforma.

A fin de que seamos transformados, Dios tiene que

hacer algunos cambios en nuestras vidas. Esta parece ser la parte más difícil de responder al llamado de Dios: dejar que Él haga los cambios. Él tiene que quitar algunas cosas y mover otras. Nunca es cómodo cuando Dios está haciendo cambios, porque todo el infierno trata de lograr que nos quedemos donde estamos. El enemigo quiere que veamos la Iglesia como una gran fotocopiadora, pero Dios está aniquilando el espíritu de duplicación.

Es por eso que Él guardó la restauración del ministerio apostólico para los últimos días. Los apóstoles han sido suprimidos como si ya no existieran en la calidad en que operaron durante el Nuevo Testamento. Declaro que estos son los días en que los apóstoles están emergiendo para establecer orden, para declarar, y para liberar. El mayor atributo de lo apostólico es que no se conforma. No se mueve por el statu quo o por cómo se han hecho las cosas siempre.

En realidad, la unción apostólica de Dios hace todo lo contrario. Demanda que todo lo que está fuera del orden de Dios se rectifique. ¡Es una unción sacudidora! La escritura que declara que todo lo que puede ser sacudido será sacudido para que todo lo que no puede ser sacudido permanezca tiene mucho que ver con la restauración de lo apostólico.

> Y este: Una vez más, indica la remoción de las cosas movibles, como criaturas que son, para que permanezcan las inconmovibles.
>
> —Hebreos 12:27, btx

Dios sacudió el servicio ese día en el retiro de mujeres. Lo que a un extraño le parecería fuera de orden y caótico era realmente Dios reordenando algunas cosas.

Prediqué, profeticé y eché fuera demonios. Hice las cosas que siempre se habían hecho en la Biblia, y sin embargo, parecían muy nuevas. Se suponía que debía dar dos talleres, pero como las mujeres querían permanecer en mi taller cuando tenían la opción de muchos otros, me cambiaron a una sala más grande. Se reescribieron los anuncios, se redirigió a la multitud, y se volvieron a dar las instrucciones. Pero en medio de todo esto todas tenían una sonrisa en sus rostros. Las mujeres iban directamente a mi salón. Aunque la instalación era muy elegante, no podía dar cabida a lo que estaba ocurriendo. ¿Quién iba a pensar que todas las mujeres de la conferencia tratarían de asistir a un taller cuando había disponibles muchos más?

Mientras intentaba entrar en mi segundo taller, cientos de mujeres se apiñaban en la puerta, tratando de entrar. Mientras esperaba en la fila con la multitud, una mujer me tocó, y me preguntó: "¿Ha oído hablar de esta nueva señora?" Respondí que no. Comenzó a hablarme de la mujer que acaba de predicar "Del desastre al milagro", y finalmente me di cuenta: estaba hablando de mí. ¡Todas estas señoras estaban conmocionadas por mí!

No podía creer que alguien pudiera estar tan entusiasmado por lo que salía de mi boca. La pastora Joy venía detrás de mí y gritó: "Dejen pasar a la conferencista". Yo era tan inexperta en la etiqueta de la iglesia que estaba parada afuera con la multitud. Cuando pasé al púlpito, esta vez era en una sala mucho más grande: la más grande del centro. Había mujeres alineadas contra la pared y sentadas en el piso. A muchas se les pidió que salieran porque el tamaño de la multitud excedía las normas del protocolo antiincendios.

Pensé que mi testimonio "Del desastre al milagro" se refería a salir del mundo. Mi verdadero testimonio se refiere a entrar a la Iglesia. Todos salieron de Egipto, pero muchos no entraron en la Tierra Prometida. El grupo que entró tenía "otro espíritu". Antes de que Dios sacara a Josué hacia la tierra prometida, lo más importante que le dijo fue: "¡Moisés, mi siervo ha muerto!" Muchos tratan de llevar a Moisés a la Tierra Prometida con ellos, y eso nunca va a funcionar. Dios usará una cosa por un tiempo, y la gente pondrá sus ojos sobre la cosa y los quitará de Dios. Es muy importante no quedar atrapados en el mover de Dios. Dios matará un mover—aunque Él lo haya iniciado—y nos dirá que sigamos adelante a otra cosa.

Muchos quedaron atascados en un mover de Dios y se perdieron su siguiente nivel. Dios nos lleva de una gloria a la siguiente. Debemos estar atentos al "espíritu de Nehustán". En Números 21:8-9 Dios le dijo a Moisés que hiciera que las personas miraran al poste con la serpiente envuelta a su alrededor (Nehustán), y serían sanados. Desde la época de Moisés hasta Ezequías, el pueblo seguía mirando al poste para ser sano, incluso cuando la unción ya no estaba sobre él. Ezequías dijo que esta una evidente nimiedad, significando que no valía el material del que estaba hecho. Cuando derribó los lugares altos, el Nehustán fue el primero que se quitó.

Dios puede ungir una cosa y luego mandarnos avanzar desde ella. Si nos quedamos en algo que Dios ha dejado, las puertas de la brujería se abrirán completamente. El Espíritu de Dios guía a los que son hijos de Dios. Tenemos que ser guiados por el Espíritu en cada aspecto del ministerio. Esto solo se puede obtener por medio de una estrecha relación con Aquel que nos conduce (nos envió). El símbolo médico de hoy es un poste con una serpiente entrelazada alrededor de él. Creo que esto es una manifestación natural de lo que ocurrió hace mucho tiempo en el ámbito espiritual.

Dios está liberando a su Esposa de la rutina espiritual de la religión. Está levantando una generación con otro espíritu. Creo que este es un espíritu apostólico, pionero, que no tiene miedo de entrar y conquistar nuevas fronteras. La gente teme aquello con lo cual no está familiarizada. Esta es una de las herramientas secretas del enemigo: el espíritu familiar. Este espíritu hace a su víctima escéptica respecto a las cosas que son poco frecuentes o que no puede controlar. A veces las cosas pueden llegar a ser tan comunes o familiares para nosotros que aunque estén mal siguen siendo aceptadas.

> Dios puede ungir una cosa y luego mandarnos avanzar desde ella.

Cuando yo estaba en el mundo, nunca pasaba tiempo en la iglesia. No podía entender a la gente que iba al club toda la noche y se levantaba temprano para el servicio del domingo a la mañana. Mi primer pensamiento acerca de esto fue que era lindo dar a Dios un poco de tiempo. Lo llamaba marcar tarjeta. Antes de conocer a Jesús como Señor, lo conocí como Salvador. Yo lo acepté en mi corazón para que me liberara de una vida de oscuridad. La Escritura revela que somos trasladados del reino de las tinieblas a la luz admirable de Dios.

Mas vosotros sois linaje escogido, real sacerdocio, nación santa, pueblo adquirido por Dios, para que

anunciéis las virtudes de aquel que os llamó de las
tinieblas a su luz admirable;

—1 Pedro 2:9

Cuando salimos del reino de las tinieblas aceptamos a
Jesús como Salvador. Por otro lado, el señorío de Jesucristo
solo puede manifestarse en nuestras vidas cuando entramos
en su luz admirable.

Antes de conocer a Jesús como Señor, visitaba iglesias, y
eso siempre me hacía sentir interiormente bien. Me corrían
lágrimas por la cara. La música realmente me tocaba de una
manera especial. El único problema era que yo no podía
ir al club el sábado por la noche y despertarme a tiempo
el domingo para el servicio. Siempre decidí poner todo en
todo lo que hice, así que tuve que tomar una decisión: era el
club o la iglesia.

Ser transformado por la renovación de nuestra mente
tiene mucho que ver con ser trasladado a la luz maravillosa
de Dios. La palabra "luz" en 1 Pedro 2:9 es *fós* en griego.
Esto significa manifestar lo luminoso, o estar lleno de luz.
Mateo 5:14 dice que se supone que somos luz del mundo,
una ciudad que no se puede esconder. Existe una falsificación de la luz maravillosa en el mundo: un grupo llamado
los Illuminati. Son un pequeño grupo de personas muy ricas
que usan el dinero y la influencia para dirigir el mundo. Son
la sociedad secreta más peligrosa que existe. A pesar de su
intento de falsificar la luz admirable, la Biblia dice que la
verdadera luz admirable no se puede esconder.

Pocas personas saben o entienden las operaciones de
los Illuminati, pero yo los menciono porque, junto con los
masones, representan la luz falsa encubierta. Nosotros, la
Iglesia, debemos ser la luz verdadera. Pero no debemos

pensar que solo porque entramos a la Iglesia reflejamos de forma automática la luz verdadera. Debemos hacer un esfuerzo para permitir que nuestra luz brille. Según la Escritura, la luz en nosotros puede hacerse oscura.

> Pero si tu ojo es maligno, todo tu cuerpo estará en tinieblas. Así que, si la luz que en ti hay es tinieblas, ¿cuántas no serán las mismas tinieblas?
>
> —MATEO 6:23

Tenemos una responsabilidad con los nuevos convertidos que vienen detrás de nosotros de dejar que nuestra luz brille. Lucas 11:33 dice que debemos dejar que nuestra luz brille para que los que entren puedan ver la luz.

Somos la luz verdadera que el mundo necesita ver. La manifestación de la renovación de la mente mencionada en Romanos 12 es la iluminación de Jesucristo en nuestras vidas. Las personas no solo necesitan oír predicar de Jesús; también necesitan ver que lo vivamos.

Capítulo 2

El espíritu de pobreza

La Biblia dice que debemos ser testigos en toda la tierra. Es muy importante que no solo hablemos de Jesús a la gente, sino que además vivamos vidas que testifiquen de su bondad. Nadie me testificó de Jesús cuando yo estaba en el mundo. Realmente no recuerdo que nadie me abordara enérgicamente respecto de la salvación. Puedo contar con mis dedos cuándo un cristiano mencionó ligeramente la iglesia, a Jesús, o algo que tenga que ver con el evangelio. Mi mentalidad estaba tan lejos de Dios que para que una persona me ministrara no podía acercarse a mí desde un punto de vista religioso.

La mayoría de las personas que decían ser salvas con las que entré en contacto pintaban un cuadro de la salvación que no era muy agradable para mí. Nunca olvidaré a la Sra. Christina. Ella vivía a cinco casas de la mía cuando yo estaba en el ejército en Fort Stewart, Georgia. Era una cristiana que siempre me hablaba de cómo encontró a Jesús, aunque nunca intentó decirme cómo podría encontrarlo yo. Recuerdo que ella siempre tenía un olor raro. Sus condiciones de vida no eran las mejores, y siempre carecía desesperadamente de lo necesario para cubrir las necesidades básicas. Muchas veces me decía con tristeza que ella y sus hijos tenían que irse a dormir sin cenar. Tenía un marido que vivía en la casa, pero nunca lo mencionaba en nuestras conversaciones.

A menudo me preguntaba por qué esta mujer andaba a mi alrededor. Yo tenía fuertes convicciones acerca de la vida cuando estaba en el mundo. Una de ellas era que no perdería mi tiempo con gente que no tuviera nada en común conmigo. Yo, literalmente, le hacía a la gente preguntas como: "¿Te drogas?"; "¿Vas a fiestas?"; o "No tenemos nada en común, así que ¿por qué salimos?" Sentía como si la gente que no hacía este tipo de cosas no tuviera vida. Esa era la mejor manera en que podía relacionarme con la "buena vida".

Mi meta en la vida era tener dinero y ser famosa. No tenía ninguna esperanza de llegar a ser famosa por mi cuenta, así que mi plan era casarme con un hombre famoso. Mi contacto con el mundo atlético me llevó a creer que iba a encontrar un marido que me haría perder la cabeza y me mudaría a Hollywood. Mis sueños fueron aplastados cuando el hombre que conocí me hizo perder la cabeza y me mudó al hospital psiquiátrico. Cuando me inscribí en el ejército, me obsesionaban tanto los planes fallidos que decidí que era mejor no planear nada.

Cuando la señora Christina se sentaba a mi mesa en la cocina y me contaba sus dificultades, yo estaba en una transición en mi vida. Estaba en un momento en que sentía como si no pudiera luchar más. La lucha siempre había sido la respuesta para mí, pero mi gancho de derecha se estaba debilitando. Solo quería ser normal. Ser el centro de atención toda la vida finalmente se hacía sentir en mi corazón, y estaba llegando a la conclusión de que algo o alguien más grande que yo tenía influencia sobre mi vida. Yo necesitaba algo, y no sabía qué. Era como un anhelo que no desaparecía.

Cuando miraba a los ojos a la señora Christina, su necesidad parecía muy profunda. Lo que ella no sabía era que mi necesidad era más profunda que la suya. Mi necesidad era espiritual, y su necesidad era física. Ella tenía a Jesús, y yo no tenía ni idea acerca de Él. Lo triste era que quien se suponía que lo tenía a Él, no tenía suficiente de Él para darme. Cuando lo pienso, recuerdo que en medio de sus historias de mala suerte ella se detenía de vez en cuando y religiosamente gritaba "Aleluya", "Gloria a Dios", o "¡Gracias, Jesús!" No podría decir quién de nosotras estaba en las peores condiciones. Yo era una pagana y estaba lejos de conocer a Jesús. Pero la señora Christina solo lo conocía desde un punto de vista religioso y no tenía idea de Jesús como su libertador y proveedor.

Mis instintos naturales me decían que si ella servía a un Dios que era tan poderoso y la amaba tanto, Él no permitiría que su familia pasara hambre cada noche. La señora Christina citaba las pocas escrituras que había memorizado, pero algo en mi interior sabía que ella no tenía idea de lo que estaba diciendo. Mi compasión por ella llegó a ser muy grande porque yo no podría imaginar que mis bebés estuvieran continuamente hambrientos. Ella tenía una casa nueva, tal como yo, pero las cucarachas salían arrastrándose de la nevera. Su lucha era muy impactante, y yo no tenía ninguna respuesta para ella.

Al menos una vez por semana yo limpiaba mi refrigerador y entregaba a la señora Christina y a su familia toda la comida que podía compartir. Vivían en una casa construida por el gobierno, por lo que su hipoteca era poco o nada. Aun así, a menudo le cortaban el servicio de energía eléctrica y los muebles tenían el mismo olor que percibía en la ropa de la señora Christina. Estoy segura de que ella no lo sabía, pero ese olor se relaciona con el espíritu de pobreza.

En la Biblia se hace referencia a los demonios como espíritus inmundos. La definición de *inmundo* es "ser pútrido, ofensivo, e impuro". A los demonios también se les llama impuros. Hoy puedo detectar el mismo olor de la casa de la señora Christina en muchos hogares. Mi marido y yo coincidimos en que es un olor característico acompañado de la pobreza y la carencia. Este hedor es definitivamente espiritual, porque no importa lo mucho que la persona limpie, el olor sigue ahí. Incluso hay una película gris oscuro que asecha en el aire encima de estos hogares.

Algunos se ofendieron cuando intenté ministrarlos en esta área. El espíritu de pobreza tiene elementos cruciales que una persona no necesita un don espiritual para detectar. En los barrios en los que crecí, es común vivir con cucarachas. Los cristianos no tienen que pedir que descienda fuego u orar en lenguas para deshacerse de ellas. Solo tienen que llamar al exterminador de manera frecuente. Sé por experiencia que el diablo va a engañar la mente de una persona para hacerle creer que vivir en una casa infestada de cucarachas es normal. Mi esposo proviene de un entorno de vida que era mucho peor que el mío. Él me contó historias

> "¡Hay demonios en el polvo!".

de cómo las cucarachas se comieron su cordón umbilical cuando era bebé.

Mi ministerio ha sido muy eficaz en lo que llamamos los "más bajos fondos", pero a veces mis mensajes tienen que ponerse en práctica y ensuciarse si hace falta. Por ejemplo, recuerdo que un día oí al Espíritu Santo que dijo claramente: "¡Hay demonios en el polvo!". Cuando empecé a predicar mensajes sobre la limpieza espiritual y física de las casas, algunas pocas personas se ofendieron, especialmente cuando empecé a meterme con sus mascotas cucarachas. Sentían como si me estuviera metiendo con ellos en un área que no podían evitar. Comprendí cómo estaban porque, como dice el refrán, ¡yo ya había estado allí y había hecho eso! Pero como apóstol de Dios era mi responsabilidad hacerles saber que no tenían que quedarse donde estaban. Doy gracias a Dios que los que tenían oídos para oír oyeron lo que Dios estaba diciendo y ahora están viviendo en casas que no solo están ungidas, sino también libres de insectos.

A la mayoría de las personas que han vivido en ambientes de gueto y sobrevivieron con ayuda gubernamental nunca se les enseñaron los principios básicos de la vida. Creo que este es el aspecto formativo del evangelismo. A veces, para que se inicie el proceso completo de renovación de la mente, tenemos que involucrarnos en la vida privada de las personas. En Spoken Word (Palabra declarada) tenemos una buena organización que muchos no entenderían. Creo que los ministros del evangelio deben tener provisiones básicas, tales como el dinero para poner gasolina en sus coches. He reprendido a muchos ministros que trataban de viajar y mientras dejaban a sus hijos en casa, sin comida en el refrigerador. Hay un espíritu que hará que usted se contente con menos. Conozco los signos, y todo se suma a lo que yo llamo "complacencia con la pobreza". La gente se acostumbra a los refrigeradores vacíos, a tener leche una vez por semana, o a tener que obtener dinero para la gasolina de la gente que llevan a la iglesia. Estas cosas deben tratarse de inmediato. No solo son inaceptables, sino que además son concesiones espirituales que privarán a la gente de disfrutar la visión de Dios para sus vidas.

Mantenerse superando los problemas cotidianos, como conservar una licencia de buen conductor, tener seguro del coche, y cambiarle el aceite no es común en la vida de muchas de las personas que con las que trato. Nadie se tomó el tiempo para enseñarles que estas son prioridades de la vida. Ellas son usadas para presionar, pedir dinero prestado y no devolverlo, o salir con usted todos los días y permitir que usted le compre su almuerzo sin tener en sus corazones ninguna convicción acerca de devolver el favor alguna vez.

> Cuando tratamos de resistir a Dios, terminamos sin nada.

En el primer capítulo hablé de transformación y transición. Cuando la gente se conforma a aquello a lo que siempre ha estado expuesta, se destruye su oportunidad de transformación. Sin transformación de la mente, no habrá transición al siguiente nivel. Números 14:24 dice que Caleb y Josué tenían "otro espíritu", uno diferente de los otros errantes en el desierto. La palabra "espíritu" en este pasaje es *rúakj*. Uno de los significados de esta palabra hebrea es "mente". Josué y Caleb no se centraron en lo que enfrentaban en la vida. Ellos dijeron: "No solo somos capaces, sino que ¡bien que podemos!". Ellos avanzaron a poseer lo que Dios les había prometido.

Los otros compañeros del desierto no tenían esperanza de transición. Al igual que la señora Christina, salieron de la oscuridad (Egipto), pero nunca entraron a la luz maravillosa (la tierra de leche y miel). Después que Dios nos libera de cualquiera que sea nuestro Egipto—y por cierto, ¡todos tenemos un Egipto!—debemos tener una nueva actitud para entrar en la plenitud de la salvación.

La palabra *salvación* significa más que ir a la iglesia cada semana, estropeados, indignados, y sin siquiera poder ser confiables. En griego es *sotería*, y significa bienestar, seguridad, liberación y salud. Por favor, no malinterprete mi mensaje. Entiendo que la gente tendrá desafíos en la vida, pero debemos considerar el vicioso ciclo del pitón de la pobreza. Es continuo y por lo general tiene un patrón que puede ser fácilmente detectado. Este espíritu de pitón aprieta y quita lentamente la provisión de la vida de una persona. Permitirá que salga mucho y no ingrese nada. Una señal certera de este espíritu es una gran cantidad de facturas sin ninguna provisión para pagarlas. Una clara señal es cuando las cuentas son cada vez más y el dinero cada vez menos. Hay varias maldiciones financieras que deben reconocerse y renunciar. Revisémoslas:

1. **La maldición de Caín.** Proverbios 3:9 dice que debemos honrar al Señor con todos nuestros bienes y las primicias de todo nuestro ingreso. La Palabra del Señor continúa diciendo que si obedecemos este estatuto, Dios llenará nuestros graneros con abundancia. Caín fue maldecido

a la tierra de Nod, que significa "la tierra de la nada". Cuando tratamos de resistir a Dios, terminamos sin nada.

2. **La maldición de Malaquías.** Malaquías 3:10 nos dice que llevemos todos los diezmos al alfolí. Cuando obedecemos este principio, Dios promete abrir las ventanas de los cielos encima de nuestras cabezas. También promete reprender la mano del devorador a favor de nosotros. Muchos están plagados de maldiciones porque no honran a Dios con sus diezmos y ofrendas. Estos son santos para Dios. Algunos cometen el error de no liberar los diezmos en sus mentes. Mentalmente siguen el dinero a la sala de ofrendas, a los bancos, y hasta a la reunión de la junta, preocupándose de cómo se gasta.

Escrituralmente hablando, no es responsabilidad del individuo que diezma decidir cómo se gasta el dinero en la casa de Dios. La palabra *santo* significa separado para Dios. No diezmamos correctamente hasta que lo damos como para el Señor y nos separamos de él en nuestra mente.

> Porque cual es su pensamiento en su corazón, tal es él.
> —Proverbios 23:7

Nuestro diezmo no es agradable al Señor hasta que tenemos la actitud correcta al respecto.

3. **La maldición de Hageo.** Echemos una mirada a los frutos de esta maldición en Hageo 1:

Buscáis mucho, y halláis poco; y encerráis en casa, y yo lo disiparé en un soplo Por eso se detuvo de los cielos sobre vosotros la lluvia, y la tierra detuvo sus frutos. Y llamé la sequía sobre esta tierra, y sobre los montes, sobre el trigo, sobre el vino, sobre el aceite, sobre todo lo que la tierra produce, sobre los hombres y sobre las bestias, y sobre todo trabajo de manos.

¿Qué pueden haber hecho estas personas para molestar a Dios así? Hageo 1:9 revela que Dios estaba enojado porque su casa estaba desolada (LBLA). Cada hombre corría a su propia casa. El versículo 4 dice que las personas se sentaron en sus propias casas techadas mientras que la casa de Dios estaba en ruinas. La gente decía que no era el momento de reconstruir la casa del Señor, pero en cambio se hacían cargo de las necesidades de sus propias casas.

4. **La maldición generacional de pobreza.** Éxodo 20:5 explica cómo las iniquidades de los padres se remontan hasta cuatro generaciones. La Biblia declara que si los padres no escucharon la voz del Señor, para hacer sus mandamientos, la pobreza es una de las maldiciones que serán una señal en su simiente.

Y serán en ti por señal y por maravilla, y en tu descendencia para siempre.
—DEUTERONOMIO 28:46

5. **La maldición de Ananías y Safira.** La raíz del pecado cometido por Ananías y Safira se pone de manifiesto en el libro de Eclesiastés. Dice:

"Mejor es que no prometas, y no que prometas
y no cumplas" (Eclesiastés 5:5). Ellos pusieron
su propiedad a la venta usando la publicidad de
la iglesia. Después de hacer un voto a Dios, se
negaron a dar las ganancias a la iglesia (Hechos
5:1-11). Se convirtieron en "ladrones espirituales", y lo hicieron ante el rostro de Dios.

Hubiera sido mejor que el Servicio de Impuestos Internos
viniera y tratara con ellos, pero el de ellos fue un destino
mucho más horrible. Era un momento de gran avivamiento.
Las personas colocaban sus ofrendas a los pies de los apóstoles, mientras que Ananías y Safira le robaron a Dios. Esa
fue una ocasión en que la hermana no debería haber acce-
dido. Ella recibió el mismo castigo que su marido. Pedro
expuso el pecado de ellos como retener una "parte" de la
ganancia y mentir al Espíritu Santo.

Como predicadora de zonas marginales y apóstol a las
naciones, la visión de Dios en mi interior no descansará
hasta que las personas que me rodean sean bendecidas.
Desde el tiempo de la señora Christina me ha sido difícil
tener éxito en la vida y andar con gente con espíritus de
fracaso. Me doy cuenta de que no todos desean tener éxito
en la vida. A pesar de esto, es mi propósito quitar de todos
los que quieren tener éxito las vendas de la maldad de la
pobreza. Solo puedo hacer esto con la ayuda del Señor.
Siento que mi ministerio no está cumpliendo con la visión
de Cristo a menos que las vidas de las personas que me
rodean cambien para bien. Además de todo eso, es un
pecado vivir por debajo del estándar que Dios nos ha dado.

El ejército provee para el bienestar de los soldados de modo que sus familias puedan ser atendidas en todo momento. El espíritu de "necesidad" distraerá a cualquier buen soldado de hacer una tarea excelente. El ejército no se molesta cuando proporciona un cheque el primer día del mes y los acreedores llaman el segundo día del mes. Yo creo que con Dios pasa lo mismo. Jesús murió para que nosotros no tuviéramos que sufrir de espíritus de pobreza y carencia. Cuando Él vino a libertar a los cautivos, quitó las cadenas de nuestras cuentas bancarias y abrió nuestras mentes al respecto. *¡Selah!* (Haga una pausa y piense en eso.)

He visto adictos al crack y a personas con situaciones trágicas ser liberados milagrosamente. Pero me causa la mayor alegría ver a una persona golpeada por la pobreza entrar a las promesas financieras de Dios. En mi iglesia hay una joven que es madre soltera con cinco hijos. Cuando llegó al ministerio ganaba 123 dólares cada dos semanas. Ese era su único ingreso. Había estado en la cárcel y sin hogar, y sus hijos habían sido encarcelados.

Ella había intentado suicidarse varias veces en un año, pero hoy puedo testificar francamente que la maldición está rota. Después de siete meses su ingreso aumentó a tres mil dólares por mes, y ella tiene el gozo del Señor. Su testimonio es que ya no tiene que agachar la cabeza. Ahora puede mirar a la gente a la cara. Ella tiene una nueva actitud. Toda su manera de pensar acerca de sí misma y de su provisión ha cambiado. La pobreza es un espíritu de la mente; es una forma de pensar. Tiene que golpear el alma antes de poder siquiera tocar su billetera. La vida de esta joven mujer ha cambiado, y hay un brillo nuevo en su rostro. Incluso luce más bonita que antes. La pobreza es un espíritu feo.

Las claves para ser libres de la miseria están al alcance de todos. La Iglesia no necesita más señoras Christinas que hagan parecer que a Jesús no le interesa la condición física de uno. Camine en victoria sobre el espíritu de carencia y permita que Dios traiga una transformación que le llevará al siguiente nivel.

Capítulo 3

DISCERNIMIENTO DE ESPÍRITUS

E L DISCERNIMIENTO DE ESPÍRITUS PUEDE SER UNO DE los dones más incomprendidos y pasados por alto en operación en el Cuerpo. Dios ha dado a la Iglesia tanto dones de liderazgo como operacionales. Los dones de liderazgo identifican a las personas ordenadas por Dios para que operen en los cinco ministerios descritos en Efesios 4:11.

> Y él mismo constituyó a unos, apóstoles; a otros, profetas; a otros, evangelistas; a otros, pastores y maestros.

Los dones de 1 Corintios 12 registran la operación del Espíritu de Dios por medio de su pueblo en la Iglesia.

Creo que, como la Iglesia de los últimos tiempos, estamos a punto de entrar a una mejor comprensión de los oficios y funciones de los dones del Espíritu. La palabra "discernimiento" en griego es *diákrisis*, y se define como "valoración judicial". Esto significa convertirse en un juez preciso de lo que está ocurriendo en el ámbito espiritual. Esta palabra se deriva del vocablo griego *diakrino*, que significa "ser capaz de diferenciar o distinguir la diferencia". También significa el don de separar minuciosamente. Me gustaría destacar tres tipos diferentes de discernimiento de espíritus que Dios me ha dado para exponer. Por favor, tenga en cuenta que no estoy diciendo que estos sean los únicos tipos de discernimiento de espíritus; estos son los que Dios me ha revelado a mí.

Discernimiento de espíritus sacerdotal

Este tipo de discernimiento de espíritus ha sido designado para los que andan en la unción sacerdotal. Levítico 10:10 enseña que es responsabilidad del sacerdote diferenciar entre lo santo y lo profano, lo puro e impuro. La Biblia Nueva Traducción Viviente (NTV) dice que el sacerdote debe distinguir entre lo sagrado y lo común. Dios no daría esta responsabilidad a los líderes sin dotarlos del discernimiento para hacerlo.

La palabra "distinguir" se pronuncia *badal* en hebreo, y significa discernir, separar o dividir completamente. Los obispos, pastores y otros dones ministeriales que pastorean las almas de los hombres son responsables de este principio. Dios declara que su pueblo perece por falta de conocimiento.

> Mi pueblo fue destruido, porque le faltó conocimiento. Por cuanto desechaste el conocimiento, yo te echaré del sacerdocio; y porque olvidaste la ley de tu Dios, también yo me olvidaré de tus hijos.
>
> —OSEAS 4:6

El pueblo no puede obedecer lo que no conoce. Recuerdo cuando yo solía asistir a los servicios y los dones del Espíritu comenzaban a fluir. Daba gracias a Dios de que no ser responsable de mantener el orden de la casa. ¿Y si alguien daba una palabra que no era del Señor? ¿Cómo podría saberse? Temblaba y pensaba: "¡Qué tremenda responsabilidad!".

Después, cuando me convertí en pastora de una congregación, hallé qué fiel es realmente Dios al ayudarme a asumir esta responsabilidad. Él nunca me pondría en una posición y me dejaría en vilo. He tenido que reprender a muchas personas que estaban fuera de lugar en un servicio de adoración, pero cuando accede a la veta Dios, usted solo fluye. ¿Cómo sabe lo que está pasando en el espíritu? No tengo una fórmula; usted simplemente lo sabe.

> El sacerdote debe distinguir entre lo sagrado y lo común.

Es muy importante que los pastores y líderes entiendan la autoridad del hombre investido. Podemos comparar al apóstol, pastor u obispo de la casa con Michael Jordan cuando básquetbol. Cuando el fragor aumentaba, le daban la bola a Mike. Él sabía qué hacer con ella, porque era el hombre designado. En una ofensiva, él no tenía tiempo para calcular la jugada. Lo movían los instintos del juego. Podía errar algunos tiros (todos nos quedamos cortos de la gloria), pero él era conocido por su precisión en la cancha. Usted no puede ir al seminario para aprender cómo fluir en un entorno congregacional cuando los dones están operando. Andar en el discernimiento sacerdotal requiere una combinación de (1) designación por Dios en una posición; (2) experiencia (se aprende haciéndolo); (3) comprender y andar en su autoridad; y (4) total sumisión al Espíritu Santo, y renuncia al hombre natural, que es la mente carnal.

El don de discernimiento de espíritus

Este don es dado a quien el Señor elige. Yo personalmente he presenciado que niños pequeños de tres y cuatro años operan mucho en el don de discernimiento de espíritus. Dios me reveló que los bebés que gritan y lloran incontrolablemente cuando ciertas personas se acercan a veces están percibiendo espíritus inmundos en la persona. Este no es siempre el caso, ya que puede ser que los espíritus malignos estén atormentando al bebé y la unción que hay en la vida de la persona enardezca a estos espíritus.

Los líderes necesitan aprender más acerca de este don para poder capacitar y cuidar a las personas de la congregación que son usadas por Dios en esta área. Con cobertura, comprensión, y cuidado, las personas con este don pueden ser realmente una bendición. Por otro lado, las personas con este don que lo usan fuera de control pueden cerrar las puertas de la iglesia. El ámbito espiritual es muy real, y hay dos fuerzas que operan en él.

> Una persona con el don de discernimiento de espíritus debe estar sujeta a la autoridad apostólica.

Doy gracias a Dios que Él ha dotado a personas del Cuerpo para discernir los espíritus, pero este don debe usarse con humildad y sujeción. Una persona con el don de discernimiento de espíritus debe estar sujeta a la autoridad apostólica. Ellos deben tener mentores para que aprendan acerca de este don y cómo usarlo. Incluso después de recibir entrenamiento y enseñanza, una persona con este don espiritual debe tener un alto nivel de fe. Este es un don que mueve a la persona a crecer literalmente en él. A medida que la persona comienza a ganar confianza en lo que ve en el espíritu y opera en el don, aprenderá a ignorar las voces que están asignadas en contra del mismo.

Algunos de los hombres fuertes que son asignados específicamente para oponerse a este don son:

✼ Rabsaces (2 Reyes 18:19): Este espíritu habla para disuadir al pueblo de Dios de lo que Él les ha mostrado. Rabsaces preguntó a Ezequías: "¿En qué confías que te da tanta seguridad?" (NTV). Este espíritu también trata de llevar a la persona a creer que las palabras que tienen del Señor son en vano. Este es un tipo de espíritu susurrante. Susurra a la mente mediante pensamientos de consejo falso.

✼ Basilisco (Isaías 14:29, RV1909): Este es un espíritu que ciega la mente. El basilisco es una criatura mitológica que según se decía, tenía una mirada mortal. La asignación del basilisco es soltar espíritus de error y confusión. La palabra "basilisco" se pronuncia *tsifoní* en hebreo, y se refiere a una víbora sibilante o a algo marginado. La manifestación de este espíritu es una lengua sibilante que es un resultado de lo que ha sido visto. Se debe atar este espíritu y renunciar a él. Está asignado contra cada persona que tiene el don de discernimiento de espíritus. El objetivo de esa tarea es conseguir que la persona se vuelva criticona de lo que discierne y tenga una lengua sibilante y viperina. He visto

manifestarse este espíritu en los ojos y la lengua
de la persona mientras pasa por la liberación.

※ Sanbalat y Tobías (Nehemías 4:1): Este espíritu
ataca a los que edifican en el espíritu. Las personas que operan adecuadamente en el don de
discernimiento de espíritus son edificadores
en el espíritu. El diablo no se preocupa por los
ministerios que construyen edificios físicos,
porque no son una amenaza para él. El fruto de
un ministerio que edifica en el espíritu es que
tiene compasión por el bienestar de la gente. El
discernimiento de espíritus no es un don para
mostrar qué ungidas son las personas o lo bien
que ven en el ámbito espiritual. Los psíquicos
pueden ver muy bien en el espíritu. Este don
es para exhortar, edificar, advertir y proteger al
Cuerpo. Es para el bienestar de las personas.

Nehemías 2:10 muestra que cuando los enemigos de Dios
oyeron que el hombre de Dios no solo trataba de construir
una obra, sino que además buscaba el bienestar de la gente,
les disgustó en grado sumo. Cuando oyeron que la obra del
Señor prosperaba, la atacaron con ofensas. En Nehemías
4:2 cuestionaron la obra de Dios. Hicieron preguntas tales
como: "¿Quiénes se creen que son estos cristianos débiles?"
"¿Terminarán la obra?" "¿Están dispuestos a hacer el sacrificio que se requiere?" "¿Qué les hace pensar que pueden
hacer revivir la basura que quemamos?"

Incluso se burlaron de la obra cuestionando su estabi-
lidad. Decían: "Lo que ellos edifican del muro de piedra, si
subiere una zorra lo derribará". La zorra es conocida por sus

pasos ligeros, por lo que esencialmente decían que la obra no permanecería. Nehemías hizo una oración muy interesante. Oró que la ofensa que enviaron hacia la obra recayera sobre las propias cabezas de ellos. Justificó su oración basándose en el hecho de que habían provocado a Dios.

Discernimiento de espíritus para el creyente nacido de nuevo

Creo que la Biblia apoya el hecho de que cada creyente tiene un cierto nivel de discernimiento que le ha sido dado. Romanos 8 dice que los hijos e hijas de Dios son guiados por su Espíritu. Primera de Corintios 2:15 dice que el que es espiritual juzga o discierne todas las cosas. Primera de Juan 4:1 dice que como creyentes debemos probar los espíritus para juzgar si son de Dios o no. La palabra "probar" en esta escritura es *dokimázo*, y significa evaluar, examinar, probar.

Es urgente en los últimos días que los líderes no traten de mantener a sus congregaciones en cunas espirituales. Se acabó el tiempo de los pastores que tienen que mecer a sus miembros para que duerman cada vez que lloran. Los

> Lo opuesto al discernimiento es el ser tardos para oír.

dones del ministerio quíntuple son para perfeccionar a los santos. *Perfeccionar* significa madurar. Al revisar Hebreos 5:13-14, es importante tener en cuenta que la maduración del rebaño es una necesidad en los últimos días: "Y todo aquel que participa de la leche es inexperto en la palabra de justicia, porque es niño; pero el alimento sólido es para los que han alcanzado madurez, para los que *por el uso tienen los sentidos ejercitados en el discernimiento del bien y del mal"* (énfasis añadido).

Esta escritura nos dice claramente que hay creyentes nacidos de nuevo que (1) han madurado en el área del discernimiento de espíritus a causa del uso y (2) están ejercitados en el discernimiento del bien y del mal.

Lo opuesto al discernimiento es el ser tardos para oír. Hebreos 5:11 dice que hay muchas cosas que enseñar en el Cuerpo en general, pero son difíciles de decir, porque la gente se ha vuelto tarda para oír. En griego, la palabra "tardo" es *nodsrós*. Significa ser perezoso, indolente, lento para oír. En otras palabras, la gente oía lo que le convenía. No oían lo que los sacaba de su zona de confort.

En el libro de Jueces, Dios le dijo a Gedeón que hablara a los oídos de la gente. La palabra "oídos" en este pasaje es *ozén* en hebreo. Significa tener los oídos que sopesan los beneficios o tener oídos como un par de balanzas. Este término se relaciona con el término anterior *nodsrós*, que significa escuchar lo que es conveniente o beneficioso. Dios dijo que debemos "ocuparnos" de nuestra salvación con temor y temblor.

> Por tanto, amados míos, como siempre habéis obedecido, no como en mi presencia solamente, sino mucho más ahora en mi ausencia, ocupaos [ejercitaos] en vuestra salvación con temor y temblor.
>
> —Filipenses 2:12

Ejercitarse en lo natural tiene dos propósitos: perder exceso de peso y desarrollar o fortalecer lo que queda para que esté firme y fuerte.

La Biblia declara que orar en el espíritu es un ejercicio. Edifica nuestra santísima fe.

> Pero vosotros, amados, edificándoos sobre vuestra santísima fe, orando en el Espíritu Santo.
>
> —JUDAS 20

Debemos participar en ejercicios espirituales para no tener sobrepeso respecto a las cosas de Dios. Ejercitamos nuestros sentidos espirituales por el uso. El libro de Apocalipsis dice repetidamente: "El que tiene oído, oiga lo que el Espíritu dice a las iglesias" (Apocalipsis 2:29). La palabra "oído" es *ous* en griego, que se interpreta como "un oído mental" o mente para oír lo que Dios está diciendo.

Pablo se refirió a este tema en 1 Corintios cuando le dijo a la iglesia de Corinto que no había venido a ellos con palabras persuasivas de humana sabiduría. Enfatizó que él enseñaba por el Espíritu Santo, acomodando lo espiritual a lo espiritual (1 Corintios 2:4, 13). Al hacer esto, identificó al enemigo que impide el verdadero discernimiento respecto de las cosas de Dios: "el hombre natural". En el mundo del ocultismo este es un término para un creyente que camina por lo que ve en vez de por la fe en Dios. Quienes participan voluntariamente en la actividad ocultista creen que pueden maldecir fácilmente a un "hombre natural".

Pablo dijo que el hombre natural no podría percibir las cosas del espíritu, porque para él son locura. Sigue diciendo que el hombre natural no puede conocer las cosas más profundas de Dios porque se han de discernir espiritualmente (1 Corintios 2:14). La maldición del hombre natural es el fruto de la religión. Tiene una apariencia de piedad, pero niega la eficacia de ella.

> Tendrán apariencia de piedad, pero negarán la eficacia de ella; a éstos evita.
>
> —2 Timoteo 3:5

Hay muchas cosas que las personas religiosas no creen que sean escriturales. Ellos niegan el poder de cosas tales como las mujeres en el ministerio, el hablar en lenguas, el echar fuera demonios y otras más. Están perturbados y son atraídos por las cosas que conciernen a la apariencia exterior. La vestimenta y los programas se convierten en lo prioritario de su ritual diario, y no hay espíritu ni verdad en nada de eso.

Lo triste es que hay demonios detrás de estos actos religiosos. El espíritu religioso es el espíritu más fuerte con el que he tenido que luchar como creyente. Se trata de un demonio con el que usted perderá el tiempo tratando de echarlo fuera si no trata con su esencia. La esencia del espíritu religioso es una vestidura de esclavitud o un manto de engaño que debe ser quitado antes de que pueda tener lugar la verdadera liberación. Hay principados que gobiernan todos los sistemas religiosos, y la Escritura lo demuestra fácilmente. Demos una mirada a 1 Corintios 2:7-8: "Mas hablamos sabiduría de Dios en misterio, la sabiduría oculta, la cual Dios predestinó antes de los siglos para nuestra gloria, la que ninguno de los príncipes de este siglo conoció; porque si la hubieran conocido, nunca habrían crucificado al Señor de gloria".

Para aclarar mi enfoque, debo señalar que la palabra príncipes se relaciona con la palabra *principado* en griego. Sabemos que personas físicas mataron a Jesús. También es seguro decir que gente religiosa exigió su ejecución. A pesar de esto, la Biblia hace referencia a poderes superiores a las personas que mataron a Jesús. Efesios 2 habla sobre el príncipe de la potestad del aire que gobierna sobre los hijos de desobediencia. Las personas llevan a cabo las órdenes, pero las órdenes fueron escritas en el segundo cielo. El diablo usó la herramienta de la religión para matar al Señor de gloria. Lo bueno de esta escritura es que, aunque el plan del diablo fue completado, este no tenía entendimiento de lo que estaba haciendo.

> **Agudizar su discernimiento requiere disciplina espiritual.**

La Biblia dice que si hubiera sabido lo que hacía, no lo habría hecho. ¡Gloria a Dios! Pablo mencionó el misterio de la sabiduría oculta. Dios ordenó esta sabiduría antes de que el mundo fuera creado para nuestra gloria (1 Corintios 2:7). Esta escritura está hablando específicamente acerca de "nuestra gloria" como creyente. Muchos creyentes no saben que tienen una gloria, pero Colosenses 1:27 dice que esta gloria es Cristo en nosotros, la esperanza de gloria. Eso es lo único que el diablo y su equipo no pueden falsificar: "Cristo en nosotros". Como la parte oscura no tiene este beneficio, su conocimiento de los misterios de Dios es nulo. Como creyentes debemos sacar provecho del Cristo que está en nosotros.

Si usted es creyente y siente que no ha estado aprovechando su discernimiento espiritual, no es demasiado tarde. Ante todo, agudizar su discernimiento requiere disciplina espiritual. Al igual que con el ejercicio en lo natural, la parte más difícil del régimen es desarrollar la disciplina para atenerse a ella. Al empezar, sugiero que comience por preguntarse: "¿Soy una persona religiosa?". Si no está seguro, aquí hay algunos indicadores de la religión:

1. Usted es una persona estricta; cualquier cambio en su horario le molesta de una manera inusual.

2. Sus oraciones son repetitivas, y a menudo se queda sin cosas para orar tan pronto como empezó.

3. Usted se encuentra a sí mismo muy crítico de cómo se ven las cosas, y lo que la gente piense lo obsesiona.

4. Usted está muy cómodo con la manera en que siempre han sido las cosas y se ha cuidado de cualquier movimiento de Dios con el cual no esté familiarizado.

5. Usted tiene dificultad para obedecer a Dios cuando sabe que le ha hablado, porque lo que Él le dice no tiene sentido.

Estos indicadores no están escritos en piedra para guiar al espíritu religioso. Sobre la base de las experiencias que yo he tenido con este espíritu, si usted muestra tres de estos cinco comportamientos, por favor haga esta oración:

Padre Dios, en el nombre de Jesús, yo renuncio a toda forma de piedad que me haga negar la esencia del verdadero poder de Dios. Renuncio a todo celo que he obtenido en Dios que no esté de acuerdo con el conocimiento verdadero. Renuncio a la obsesión de preocuparme por lo que la gente piense. Me niego a ser "complaciente" y quiebro los paradigmas de las expectativas de otros.

Derribo toda defensa que haya construido en mi mente que me haga rechazar movimientos legítimos de Dios debido a la falta de familiaridad. Renuncio a mi estilo y recibo el estilo de Cristo. Padre, perdóname por criticar las cosas y las personas que no entiendo. Libero a la gente que tuve en menos en el espíritu por causa de mis hábitos estrictos.

Renuncio al régimen religioso y declaro que soy un hijo de Dios y seré dirigido por el Espíritu de Dios. Me aparto de los rudimentos de los hombres, de la religión del hombre, de la religión vana (Santiago 1:26) y de las religiones del anticristo que persiguen a la Iglesia de Dios (Gálatas 1:12). Me comprometo a salir de la comodidad de aceptar solo las cosas que puedo entender fácilmente. Renuncio al hombre natural (1 Corintios 2:14). ¡Creo y recibo el hecho de que mi discernimiento espiritual se agudiza mientras hablo! No soy tardo para oír del Señor, y tengo percepción en el espíritu para entender la visión que Dios me revela.

Señor Jesús, te doy gracias porque camino en el espíritu de la religión pura, que es sin mácula delante de Dios. ¡Rompo todos los pactos con el espíritu que mató a Cristo: ¡el "espíritu religioso"! Jesús, tú eres el Señor en esta área de mi vida. Amén.

Si después de hacer esta oración estas cosas siguen operando en su vida, usted debería buscar liberación personal de alguien que sea experimentado en el ministerio de liberación. Nos topamos con este espíritu de primera mano en Spoken Word.

Un sábado por la tarde nuestro equipo fue llamado a la iglesia para una sesión de liberación de emergencia. Carol había sido dada de alta de un hospital psiquiátrico y condujo seis horas para reunirse con nosotros. Estábamos en el estacionamiento cuando el coche se acercó.

Lo que voy a decirle puede ser difícil de creer, porque yo lidié con eso a pesar de verlo con mis propios ojos. Cuando llegaron al área de la iglesia, todo el coche comenzó a sacudirse. Una mujer pequeña de unos cuarenta y cinco años de edad salió del coche, hablando consigo misma. Al acercarme a ella oí estas palabras que salían de su boca: "Sí, Kim no puede echarme fuera. Ella nunca lidió antes con un demonio como este. Benny Hinn no puede echarme fuera. No saben quién soy".

No habíamos visto antes un demonio que hablara de esta manera, y la voz que provenía de Carol era totalmente demoníaca. La mujer estaba en estado comatoso, pero los espíritus utilizaban su cuerpo con soltura. Mi marido y yo estábamos acompañados por dos exbrujas y una exprostituta. Estábamos tan conmocionados por lo que vimos que nos sentamos y observamos al demonio caminar por la habitación (mediante el cuerpo de la mujer) y citar pasajes bíblicos.

¡Todos estábamos sin aliento! La familia de Carol estaba en la iglesia desde hacía muchas generaciones, y ella lo había estado en la iglesia. El espíritu se reveló a nosotros como un "espíritu religioso". No habíamos oído hablar de tal cosa.

El demonio se burlaba de nosotros y dijo: "Yo profetizo y cito escrituras como el Hijo de Dios. Todo lo que ustedes pueden hacer, ¡yo puedo hacerlo mejor!".

Muchas personas se ofenden cuando menciono el espíritu religioso. Pero estos espíritus mataron a Cristo. Son enemigos legítimos de Dios. Ellos son "los demonios de la letra", y 2 Corintios 3:6 nos dice que la letra mata. Hay un solo espíritu que mata: Satanás viene a robar, matar y destruir (Juan 10:10). Hay un ladrón, un asesino y un destructor. A él no le importa si usa una escopeta recortada o una flamante Biblia para hacer su trabajo sucio.

Respiramos profundamente, nos sacudimos, aceptamos la verdad de lo que enfrentábamos y comenzamos a darles una paliza a esos demonios como con un martillo neumático. Gracias a Dios por el Espíritu Santo. No sabíamos por dónde empezar, pero la unción profética de Dios vino y nos dio dirección. Aplicamos la sangre de Jesús sobre esa habitación y tomamos autoridad sobre la audacia de los demonios con los que lidiábamos.

Los demonios comenzaron a rogar que los dejáramos. Podíamos oírlos gritar cuando salían del cuerpo de la mujer. Parecían estar muy lejos, pero las voces se acercaban a medida que salían del cuerpo de la mujer. Dios nos bendijo para descubrir el punto de entrada de los demonios en la vida de Carol. Ella era propietaria de una casa en la que no vivía nadie, y los demonios seguían diciendo: "¡Esperen hasta que la llevemos de vuelta a esa casa!".

La noche en que fue llevada al hospital psiquiátrico y fue atrapada, ella irrumpió en la casa por una ventana. Se cortó el cuerpo al pasar por los vidrios rotos del marco de la ventana. Su obsesión con la casa era tremenda. Se hallaba a dos casas de la casa de su madre, donde ella creció. Cuando era niña a menudo se escapaba para entrar a esa casa. Nadie nos reveló esto, excepto el Señor. Por esa razón la profecía es una herramienta tan importante durante las sesiones de liberación.

La madre de Carol nos explicó que era insoportable vivir con ella y que se requería mucha atención para cuidarla. Después de muchas horas de liberación Carol consiguió una gran victoria. Ella ya no huye, y los demonios ya no hablan a través de ella. Tiene un brillo nuevo en el rostro, y la veo en las conferencias todo el tiempo. Vive una vida normal, porque el espíritu de tormento fue quitado de su vida.

Dios quiere que su pueblo esté en condiciones de oírlo, y la religión es el mayor obstáculo. Si usted cree que yo tengo un problema personal con la religión, entonces esta enseñanza ya lo está ayudando. ¡Usted está discerniendo con precisión! Detesto la religión porque Dios la detesta. Es una de las peores esclavitudes subliminales en el Cuerpo de Cristo.

Cuando nuestro discernimiento está agudizado para oír la voz de Dios, no escuchamos ni seguimos las extrañas voces del enemigo.

> Mas el que entra por la puerta, el pastor de las ovejas es.
>
> —JUAN 10:2

Repasemos cómo reconocer lo falso.

> Ahora bien, hay diversidad de dones, pero el Espíritu es el mismo. Y hay diversidad de ministerios, pero el Señor es el mismo. Y hay diversidad de operaciones, pero Dios, que hace todas las cosas en todos, es el mismo a otro, fe por el mismo Espíritu; y a otro, dones de sanidades por el mismo Espíritu.

A otro, el hacer milagros; a otro, profecía; a otro, discernimiento de espíritus; a otro, diversos géneros de lenguas; y a otro, interpretación de lenguas... Si dijere el pie: Porque no soy mano, no soy del cuerpo, ¿por eso no será del cuerpo? Y si dijere la oreja: Porque no soy ojo, no soy del cuerpo, ¿por eso no será del cuerpo? Si todo el cuerpo fuese ojo, ¿dónde estaría el oído? Si todo fuese oído, ¿dónde estaría el olfato? Mas ahora Dios ha colocado los miembros cada uno de ellos en el cuerpo, como él quiso.

—1 CORINTIOS 12:4-18

Sobre la base de este pasaje, me gustaría hacer varias observaciones.

1. Hay muchas clases diferentes de dones.

2. Bajo la categoría de estos dones hay muchas diferentes funciones o formas en que operan.

3. Todos estos dones operan por el mismo Espíritu.

4. Todos estos dones están sujetos a un solo Dios, que es Jesucristo.

Dios diseñó el Cuerpo y sabía lo que hacía. Creo que esta es la razón por la que hizo que los dones apostólico y profético del ministerio quíntuple sean el fundamento de la familia de la fe.

Edificados sobre el fundamento de los apóstoles y profetas, siendo la principal piedra del ángulo Jesucristo mismo.

—EFESIOS 2:20

Se requerirá un manto apostólico y una intervención profética para establecer el orden en la casa cuando se trata de la diversidad de los dones de Dios. Es apremiante tener en cuenta que cuando Jeremías puso orden, comenzó por arrancar de raíz y desenterrar algunas cosas (Vea Jeremías 1). Para cada don que Dios ha dado, el enemigo envió una falsificación. Santiago dijo que "toda buena dádiva y todo don perfecto desciende de lo alto, del Padre de las luces, en el cual no hay mudanza, ni sombra de variación" (Santiago 1:17).

La adivina siguió a los apóstoles durante días sin ser notada. (Vea Hechos 16.) No cantaba ni arrojaba polvo vudú. Ella citaba escrituras. La Biblia dice que el diablo viene como un ángel de luz (2 Corintios 11:14). Creo que el encuentro del libro de los Hechos fue profético en muchos sentidos. Muchas personas que están operando en "otros" espíritus han seguido a la Iglesia citando escrituras por demasiado tiempo. Este es el tiempo en que el manto apostólico de Dios va a caer sobre la Iglesia y revelará públicamente las falsificaciones.

Hemos tenido mucha infiltración de la otra parte en nuestra iglesia local. Hay muchos aspectos de esta cuestión que no puedo mencionar ahora, porque la gente simplemente no está preparada para eso. Y cuando digo "la gente", me refiero mayormente a la gente salva. Los individuos de la parte oscura saben exactamente de lo que estoy hablando. Cada vez que abrimos las puertas de la iglesia, el enemigo entra. ¡Viene a robar,

> **Para cada don que Dios ha dado, el enemigo envió una falsificación.**

matar y destruir! Si usted está haciendo para el Señor algo que da vida, puede apostar que el enemigo estará allí para destruirlo. No estoy hablando del diablo personificado por el mundo como el pequeño personaje de dibujos animados. Estoy hablando del espíritu que salta en la gente y entra por la puerta y se sienta en la primera fila.

No tengo ningún problema en compartir esto porque he vivido situaciones que me califican para contarlo. Yo siempre he dicho: "Si puedes pasar la prueba, puedes contar el testimonio". Una noche estaba pasando tiempo con un pastor y su esposa después de un servicio, y mi conversación se desvió a un tema que no menciono a menudo: la reina de la costa. Este es uno de los niveles más altos de vudú y de actividad ocultista que existe. De la nada las palabras salieron de mi boca: "¿Ustedes saben acerca de las personas que operan bajo el agua?". Les pregunté si alguna vez habían oído hablar del término "BaBa", que es un sacerdote brujo de alto nivel. Nunca entendí por qué mencioné eso a estos pastores. Me observaron con una mirada extraña y siguieron conversando de otra cosa.

Meses después, estos pastores me llamaron. Parecían estar alarmados. El hermano del pastor había confesado ser parte de un grupo de vudú que opera bajo el agua. Él estaba tratando de salir de la secta, y su vida estaba en peligro. Alguien le había dado una bebida que hizo que todos sus órganos fallaran. Él aceptó a Jesús en su vida, pero la guerra espiritual era tremenda. Los pastores me llamaron para orar por él en el hospital.

Las brujas tenían contactos en el personal del hospital. Cuando hablé con el hombre para orar por él, respondió con voz débil: "Hola, soy BaBa". Hasta el momento yo había conocido a un solo BaBa, que confesara ser uno, pero darse cuenta de esto fue demasiado impactante para esta pareja de ministros. Lo que yo había mencionado en una conversación informal les afectó personalmente. Si el Espíritu Santo no hubiera hablado a través de mí ese día, ellos habrían pensado que su hermano necesitaba tratamiento psiquiátrico.

Dios dijo que no deberíamos ignorar las maquinaciones del enemigo. Estos espíritus no vienen como vampiros u hombres lobo. Se esconden detrás de títulos como "Evangelista", "Madre", "Padre", y "Pastor". Son lobos con piel de oveja. Sus dones parecen muy similares, pero siempre podemos conocerlos por el espíritu en el cual vienen.

Primera Corintios nos dice que los dones de Dios operan por un Espíritu que se somete solo a Él. Así es como podemos detectar fácilmente la falsificación: (1) Operan por otro espíritu; y (2) someten sus dones a muchos dioses.

Estos espíritus son muy sutiles. No vienen como vampiros y hombres lobo; vienen como Jesús o como otro Espíritu Santo. Pablo tuvo que especificar y asegurarse de que las personas supieran de qué Jesús predicaba. Él dijo: "Jesús, a quien yo os anuncio, decía él, es el Cristo" (Hechos 17:3). Segunda de Corintios 11:4 da una advertencia similar: "Porque si viene alguno predicando a otro Jesús que el que os hemos predicado, o si recibís otro espíritu que el que habéis recibido, u otro evangelio que el que habéis aceptado, bien lo toleráis".

Estos versículos se refieren a la sencillez del evangelio. Pablo estaba diciéndole a la iglesia de Corinto que temía la posibilidad de que un engaño se introdujera en la iglesia. Él usó el ejemplo de la serpiente que sedujo a Eva con su sutileza. Les dijo que estuvieran atentos para que sus mentes no se corrompieran. El discernimiento de espíritus se necesita más que nunca en el Cuerpo de Cristo. Creo que según la lectura de los pasajes anteriores, podemos decir con seguridad que hay un Jesús y espíritus del Espíritu Santo falsificados, y otro evangelio que puede ser proclamado.

Este es un tiempo en Dios en que debemos permitirle que agudice nuestros sentidos espirituales. La Biblia dice que si fuera posible, aun los escogidos serían engañados. Hay dos preguntas que debemos contestar aquí: (1) ¿Quiénes son los elegidos? Y (2) ¿Qué hace que sea posible engañarlos?

> El discernimiento de espíritus se necesita más que nunca en el Cuerpo de Cristo.

En primer lugar, los elegidos son aquellos separados y escogidos por Dios. Ellos solo pueden ser desviados si pretenden que el enemigo no existe. ¡Los elegidos conocen a su Dios! La verdadera clave es que todo buen soldado además debe estar consciente de su enemigo. Si pretendemos que solo hay un evangelio, un Jesús, y un Espíritu Santo, nos engañamos a nosotros mismos. Esta es la maldición del "bello evangelio". Dios nunca nos prometió un bello evangelio; Él hizo con nosotros un pacto para darnos la verdad, que es lo único que hace libres a los hombres.

Capítulo 4

IDOLATRÍA

LOS CRISTIANOS NO SON LOS ÚNICOS QUE PUEDEN discernir espíritus. Los psíquicos operan mediante una falsificación demoníaca de este don que es legítimamente verdadero en el espíritu. Creo que algunas de estas personas tienen en sus vidas un llamado de Dios, pero están sirviendo a las criaturas más bien que al Creador. Como todo en la vida encaja en dos categorías—criatura o Creador—el diablo no tiene otra opción que ser una criatura. El Dios todopoderoso es el Creador, en sí mismo. El diablo odia el hecho de no ser él el creador, porque siempre quiere ser el más importante.

Los psíquicos operan con un poder falso gobernado por una criatura, Satanás, y derivado de otros dioses y otros espíritus. Un ejemplo de un dios psíquico es el kauri shell. Estos fetiches se han convertido en moda, y la gente los usa en su cabello, tobillos, como collares e incluso en su ropa, aunque son usados para adorar dioses de vudú y aprovechar más poder de adivinación. Estos objetos son adorados, y han sido dedicados a los demonios.

La adoración de objetos es algo muy popular, y cada

cultura lo hace de una forma diferente. He pasado mucho tiempo en Hong Kong en los últimos años, y la idolatría y la adoración de objetos es muy obvia allí. Pero nosotros también tenemos nuestros dioses culturales en EE. UU. Por cada Buda en la vidriera de un negocio de China, nosotros tenemos relojes Rolex y autos Rolls Royce en nuestras vidrieras estadounidenses. Lo principal que debemos recordar sobre la adoración de objetos es que ellos no tienen poder, pero hay un demonio que ha sido asignado al objeto. El demonio que está detrás del Buda es la brujería y la adoración del templo. El demonio que está detrás de los objetos que los estadounidenses adoran es el espíritu de Mammón.

La esencia de la idolatría es que el afecto de ese espíritu viene agregado o se suelta sobre la persona o el lugar. No hay nada de malo en tener cosas lindas y caras, pero Dios aborrece que estas cosas ocupen en nuestros corazones el lugar que le corresponde Debemos tener cuidado de no formar una relación o un lazo del alma con el dinero. Es por eso que Dios aborrece a los ídolos; toman el lugar que Él quiere ocupar. Dios quiere llegar a ser real en nuestras vidas, pero el dinero asume para nosotros una realidad que es mortal.

En el mundo la gente a veces dirá: "Luces como dinero". Esto es porque el dinero puede personificarse en nuestras vidas. Cuando la gente nos ve no debería ver al dinero, ¡debería ver a Jesús! Lo genial de esto es que cuando ellos ven a Jesús, no ven un espíritu de pobreza. Esto no es porque yo busque a Jesús para que me haga próspera; busco todo en Él. Pero como Jesús es prosperidad, cuando recibo la plenitud de Él, recibo todo lo que Él es.

Mientras escribo este capítulo, Dios me reveló que asumimos las características de cualquier cosa que ocupe espacio en nuestros corazones. Así como el corazón natural bombea sangre hacia otras partes del cuerpo, el corazón espiritual suelta idolatría por todo nuestro ser. La Biblia nos advierte que no demos lugar o espacio al diablo.

> Ni deis lugar al diablo.
>
> —EFESIOS 4:27

Jesús quiere ocupar todo el espacio de nuestros corazones; no quiere compartirlo con ninguna otra persona, lugar o cosa.

Toda la humanidad fue creada a imagen de Dios, pero cuando Adán cayó, la naturaleza pecaminosa del hombre nació en el ámbito terrenal. Esta naturaleza pecaminosa representa la esencia de la que está hecho el diablo. La Biblia dice que la iniquidad—que incluye la perversión, el dolo y el pecado—se encontraba en Lucifer (vea Isaías 14). Ezequiel 14:3 continúa diciendo que "estos hombres han puesto sus ídolos en su corazón, y han establecido el tropiezo de su maldad delante de su rostro". Después de la operación demoníaca que tuvo lugar en el huerto del Edén, el hombre asumió las características de Satanás. Cuando Eva permitió que los pensamientos del diablo entraran en su mente, asumió la naturaleza de lo que había ocupado espacio en su mente. Eva transmitió luego el mismo espíritu a Adán.

Esto me lleva al tema del nuevo nacimiento. Él marca el comienzo del proceso de restauración de la imagen de Dios en el hombre. El pecado es horrible, y si lo practicamos,

> El pecado es horrible, y si lo practicamos, comenzaremos a vernos como él.

comenzaremos a vernos como él. Nos parecemos a Jesús cuando le permitimos que tome el lugar que legítimamente le pertenece en nuestros corazones. Todo consiste en tener el orden de Dios en nuestras vidas. El orden siempre opera en la luz, porque todo lo que se haga en la oscuridad traerá desorden y confusión. La Biblia dice que tengamos cuidado de que la luz que creemos tener sea en realidad oscuridad (Lucas 11:35, NTV). La verdad de este mensaje se resalta en el versículo 33 del mismo capítulo: "Nadie enciende una lámpara y luego la esconde o la pone debajo de una canasta. En cambio, una lámpara se coloca en un lugar alto donde todos los que entren en la casa puedan ver su luz".

La Iglesia ha clamado por avivamiento desde sus comienzos. Creo que hasta que no haya sido despertada la gente que ha aceptado a Jesucristo como su Salvador, no podremos despertar a la gente que estamos tratando de ganar. Jesús no quiere ser solo nuestro Salvador, Él quiere reinar como Señor en nuestros corazones. Pero no puede reinar como Señor en la vida de alguien hasta que esa persona vea la luz. Ser salvo significa que hemos salido del mundo de las tinieblas, pero para recibir al Señor Jesucristo debemos entrar en la luz admirable.

Lucas 11:33 dice: "Para que los que entran vean la luz". Una de las mejores herramientas que podemos utilizar es el "mantenimiento espiritual". Estamos tratando de ganar a un mundo perdido y agonizante, pero los que ya han llegado se están muriendo en sus bancos. Al diablo no le importa si usted muere espiritualmente en la iglesia o en el mundo. Los recién convertidos deben ver la luz. Deben entrar a la casa de Dios y ver la diferencia. Si en la iglesia estamos adorando los mismos dioses que en el mundo, los recién convertidos andarán en oscuridad. ¡Ellos deben ver la luz! La idolatría engendra oscuridad, y donde hay oscuridad las personas no tendrán seguridad y recaerán.

La principal misión de la idolatría es esconder la luz de Cristo en nuestras vidas. Una de las palabras griegas para "idolatría" es *eidololatreía*. Esta palabra se refiere a la "adoración de imágenes", o a adorar cosas que pueden ser vistas. Cuando Moisés no se apresuró lo suficiente según los hijos de Israel, ellos se crearon su propio dios. Le pidieron a Aarón que hiciera dioses que fueran delante de ellos o dioses que ellos pudieran ver (vea Éxodo 32). Ellos solo podían seguir a Dios cuando veían a Moisés. Esto plantea un tema muy importante. Moisés se había convertido en una especie de ídolo para el pueblo, porque cuando no estaba presente ellos comenzaban a servir a otros dioses. Es muy importante que los líderes le den al pueblo un fundamento que los desafíe a mantener sus ojos puestos en Jesús.

En esto consiste el verdadero fundamento apostólico: edificar ministerios que puedan perdurar aún en ausencia del líder. Aarón creó un becerro de fundición y dijeron: "Estos son tus dioses, que te sacaron de la tierra de Egipto". Fíjese que era un becerro pero muchos dioses. Cada ídolo físico tiene muchos demonios detrás de él. También resulta interesante prestar atención a que Jeroboam hizo dos becerros de oro para el pueblo en 1 Reyes 12:28. Se los mostró al pueblo y dijo: "He aquí tus dioses, oh Israel, los cuales te hicieron subir de la tierra de Egipto". En ambos casos, el pueblo veía a estos dioses como un tipo de liberación.

A lo largo de la historia el pueblo de Dios ha dependido de ídolos para que los "haga salir". Ellos querían algo tangible que representara un poder superior en sus vidas. Hasta los programas seculares de tratamiento por adicciones promueven "poderes superiores" porque creen que las personas necesitan algo mayor que ellas mismas que las guíe. Yo no creo en programas como Alcohólicos y Narcóticos Anónimos porque promueven la idolatría. Un grupo de apoyo es algo bueno, pero los cristianos deben tener cuidado de lo que el grupo apoye. Muchos de esos programas enseñan cosas que contradicen la Palabra de Dios. La adicción es un "problema del diablo". Para vencerlo, ¡la gente necesita una "respuesta de Jesús"!

Además de todo esto, esos programas sencillamente no funcionan. Son solo temporales y siempre dejan a la persona pensando: "Soy un adicto en recuperación, y tendré esta debilidad el resto de mi vida". Ellos crean lo que llamo el "espíritu del buscador". Están siempre buscando algo que nunca encuentran. En 2 Timoteo la Biblia dice que ellos siempre están aprendiendo pero nunca llegan a conocer la verdad.

> Siempre están aprendiendo y nunca pueden llegar al conocimiento de la verdad.
> —2 TIMOTEO 3:7

Me siento tan feliz de no ser una drogadicta en recuperación; me he recuperado porque a quien el Hijo de Dios hace libre, es libre de verdad. Eso significa que no hay "Si", "Y" o "Pero". Soy libre porque la verdad me hizo libre.

La gente no puede ser libre a menos que le digamos la verdad. La verdad es que la hermana Sally no es una adicta a la cocaína porque tiene un complejo personal. La hermana Sally tiene un espíritu de adicción. Podemos alimentar sus emociones y hacerla sentir mejor por el resto de su vida o podemos llevarla a un lugar en el que Jesús la "haga libre". Hay una gran diferencia entre sentirse mejor y ser verdaderamente libre. Los sentimientos con el tiempo pasan, pero aunque no me sienta bien, sigo siendo libre. Además, ser libre de la adicción no siempre es algo que haga sentirse bien. Hay un aspecto de la disciplina de la liberación de cualquier adicción, ¡y la disciplina definitivamente no es algo que resulte agradable!

Pablo dijo que tenía que golpear su cuerpo. Aun después de que Dios nos hace libres, será la sumisión a sus instrucciones lo que nos haga mantenernos realmente libres. Las organizaciones seculares que intentan ocupar el lugar del poder liberador de Dios son manifestaciones modernas de los becerros de oro. Hoy la gente está diciendo las mismas cosas que dijo el pueblo de Israel: "¡Estos son los dioses que nos liberaron!".

La gente suele querer dioses que pueda visualizar, y hay muchos dioses que podemos ver a diario. Me sorprende la confusión que el enemigo ha desatado para hacer que las mujeres cristianas estén orgullosas de llamarse "divas". Me he encontrado con varios casos en que mujeres nacidas de nuevo usan con toda tranquilidad esa palabra para referirse a sí mismas. Una *diva* se define como "deidad femenina que es adorada". Mientras investigaba acerca de la palabra *diva*, encontré un artículo sobre "Shiva" una deidad hindú conocida como el señor de la danza. En un viaje evangelístico a Malasia, encontré un artículo sobre Oprah Winfrey que se refería a ella como una diosa de la televisión. Artistas y cantantes famosas como

> **Hay una gran diferencia entre sentirse mejor y ser verdaderamente libre.**

Whitney Houston, Mariah Carey y Britney Spears se llaman a sí mismas con orgullo divas.

La Biblia nos dice que el cordón de tres dobleces del mundo es el deseo de la carne, el deseo de los ojos y la vanagloria de la vida. ¿Cuántas personas desean ser como esas famosas imágenes que Dios puso ante nuestros ojos? Había un comercial que decía en broma que todos querían parecerse a Mike (Michael Jordan). La verdad es que la gente realmente quiere ser como Mike y todo lo que él representa: dinero (los deseos de la carne), fama (la vanagloria de la vida) y éxito (el deseo de los ojos).

Aunque no sean estatuas ni templos, todas esas son imágenes. Detrás de cada una de ellas hay miseria y desesperación sin Jesucristo. La gente que experimenta estas falsas glorias en sus vidas es candidata número uno al suicidio, la depresión, las adicciones y mucho más. Tengo muchos amigos que tienen posiciones muy prestigiosas en sus vidas, pero no todo es lo que aparenta. Es solo una fachada. Mi amiga Karla creció conmigo. Bailaba y cantaba frente al espejo todo el tiempo. Cuando era una niña, Karla ya sabía que sería una estrella cuando creciera. Quería cantar y ser famosa. Era gorda, y no recuerdo que tuviera linda voz, pero hoy Karla canta en una de las compañías discográficas más grandes de la industria del hip-hop. Viaja todo el tiempo entre los ricos y famosos, y ya no es más gorda; se parece a Janet Jackson y puede alcanzar notas que harían añicos un vidrio.

Ministramos a Karla todo el tiempo. Tiene temor por las cosas de Dios, pero debido a su entorno le resulta difícil entregarse a Jesús. Lucha todo el tiempo con la depresión, pero todos los que la rodean acuden a ella por oración. Me dijo que detrás de escena todos están deprimidos y afligidos.

Esta es una de las razones por las que la adicción es tan fuerte en la industria de la música. La gente tiene muchas dificultades. Tienen todo lo que siempre soñaron en lo natural, pero en sus vidas sigue faltando algo.

Puedo relacionarme con ese sentimiento. Recuerdo haber querido ser la velocista más rápida de la nación cuando estaba en el primer ciclo de la universidad. No solo me convertí en la mujer más veloz de toda la nación en ese momento, sino que también logré dos récords nacionales. Más tarde me convertí en la mujer más veloz de las Fuerzas Armadas (Armada, Marina y Fuerza Aérea) y mantuve esa categoría durante tres años. Quizás esto no le parezca mucho a usted, pero era la manifestación de mi mayor sueño. ¿Lo puede imaginar? ¿Qué pasaría si lo que usted ha querido toda su vida atraviesa la puerta de su casa? ¿Estaría conforme? La verdad es que, si usted hiciera una lista de deseos de diez cosas y todas sucedieran una mañana, ¡igual, sin Jesús, usted se seguiría sintiendo mal!

Cuando gané uno de los premios más importantes en pista y campo, fuera de las Olimpíadas, dejé la ceremonia, me fui a mi habitación y lloré. Dios nos hizo para que lo adoremos. No importa cuán exitosa sea nuestra vida, nos sentiremos vacíos sin Jesucristo. Él puso dentro de nosotros un vacío que siempre está tirando y empujando, y debemos tener cuidado de qué permitimos que entre en nuestros corazones. El propósito de la idolatría es bloquear en nuestras vidas la aspiración que debería atraernos hacia el Dios Altísimo. Me resulta asombroso cuán fácil es ser idólatra en las cosas cotidianas. La palabra hebrea ídolo, *eidolotatreía*, también significa "producir algo semejante o parecido". Significa reproducir o representar la esencia de una cosa. La importancia de un ídolo no es cómo se manifiesta en lo físico, sino lo que realmente representa en lo espiritual. Para entender la esencia de la idolatría, debemos dar una mirada al término fetiche.

Un fetiche es un objeto inanimado (natural o cultural) que se cree que tiene poderes mágicos. Es una herramienta de hechicería a la que se le ha asignado un demonio. Un fetiche con gran poder suele considerarse tabú, una palabra polinesia que se refiere a un objeto sagrado, consagrado o impuro. Aunque en sí la palabra *fetiche* no aparece en la Escritura, la Biblia tiene mucho que decir sobre el tema. Dios le dio al pueblo instrucciones específicas sobre los postes dedicados y las imágenes de Asera, que representan el falo o las partes privadas masculinas en reverencia a los dioses de la fertilidad. Estos postes son idénticos a los del Monumento a Washington, y hay muchos localizados en las ciudades más importantes. Tienen el mismo valor simbólico que la pirámide y el "ojo que todo lo ve" del billete de dólar. Estos símbolos son ejemplos de emblemas que tienen más significado que lo que el ojo natural puede ver. Son todos fetiches de Egipto y tienen raíces masónicas. Dios dijo:

> Y no mirará a los altares que hicieron sus manos, ni mirará a lo que hicieron sus dedos, ni a los símbolos de Asera, ni a las imágenes del sol.
> —ISAÍAS 17:8

En la misma escritura Dios se refiere a las imágenes talladas. En Éxodo 20:3–4 Dios dijo que no quería que tuviéramos dioses ajenos delante de Él y que no nos hiciéramos imágenes talladas. La palabra *tallada* significa "esculpida a mano". Anteriormente mencioné a Josué y cómo él y su generación adoptaron una nueva actitud que les dio entrada a la tierra que fluye leche y miel. Debemos darnos cuenta de que en la tierra de leche y miel no solo había gigantes, sino que además había dioses. Josué 7 nos da una descripción detallada de lo que sucedió en la Batalla de Hai.

El pueblo de Hai era poco numeroso y había oído sobre la fortaleza del ejército de Josué. Hai no era de ningún modo una amenaza y, ante el consejo de sus ancianos, Josué envió solo tres mil hombres. Pero la pequeña tribu de Hai derrotó a esos tres mil guerreros. Devastado, Josué rasgó sus vestidos y él y sus ancianos echaron polvo sobre sus cabezas. La palabra "polvo" en esta historia es *afar*, y significa que "fueron avergonzados y no llegaron a nada". Josué clamó a Dios con desesperación, y la respuesta de Dios fue: "Levántate; ¿por qué te postras así sobre tu rostro? Israel ha pecado". No tiene sentido ayunar, orar y clamar a Dios si no hemos tratado con el pecado que hay en nuestras vidas. Dios dijo que su pueblo había hecho lo siguiente:

La obediencia es mejor que el sacrificio.

❈ Pecó contra Dios.

❈ Transgredió su pacto con Dios.

❈ Tomó el anatema.

❈ Se quedó con el anatema y lo colocó entre sus pertenencias.

Conociendo la historia de Josué, uno naturalmente se pregunta qué pudo haber salido mal. Dios le había prometido que ningún hombre podría hacerle frente. Dios le dijo a Josué que le había entregado todo lugar que pisara la planta de sus pies. Dios se mantuvo fiel a su palabra. Ningún hombre le hizo frente a Josué ese día; un demonio de desobediencia lo hizo. La Escritura nos recuerda que la obediencia es mejor que el sacrificio.

> Y Samuel dijo: ¿Se complace Jehová tanto en los holocaustos y víctimas, como en que se obedezca a las palabras de Jehová? Ciertamente el obedecer es mejor que los sacrificios, y el prestar atención que la grosura de los carneros.
> —1 SAMUEL 15:22

El rey Saúl fue desechado por la misma razón: ¡La idolatría! Dios le dijo a Saúl que destruyera por completo a Amalec y todo lo que él tenía porque Dios no quería que el pueblo participara de la contaminación de los ídolos de los amalecitas. Dios sabía que ellos habían dedicado sus objetos a los demonios. Todas sus pertenencias tenían maldiciones adheridas a ellas. Esto es lo que significa la palabra "anatema": lo que ha sido dedicado a los demonios. Cuando Josué derrotó a Jericó y las murallas cayeron, advirtió al pueblo:

> Gritad, porque Jehová os ha entregado la ciudad. Y será la ciudad anatema a Jehová, con todas las cosas que están en ella; solamente Rahab la ramera vivirá, con todos los que estén en casa con ella, por cuanto escondió a los mensajeros que enviamos. Pero vosotros guardaos del anatema; ni toquéis, ni toméis

alguna cosa del anatema, no sea que hagáis anatema el campamento de Israel, y lo turbéis.

—JOSUÉ 6:16-18

Hay dos palabras hebreas para *anatema* a las que me gustaría que le preste atención: (1) *kjarám* y (2) *kjerém*. Ambas significan "dedicar al mal o consagrar un objeto condenado". También significan: "¡Aquello que es maldito hasta la raíz y debería ser completamente destruido!". En el caso de Rahab, la misericordia de Dios se extendió hasta ella y su familia. La palabra clave es *pacto*. Rahab rompió su pacto con los demonios y obtuvo un pacto con el Dios Altísimo. Hebreos 11:31 dice que por la fe Rahab la ramera no pereció juntamente con los desobedientes. Ella creyó y obtuvo el favor de Dios que la puso entre los héroes de la fe. ¡Eso es pacto!

Saúl ganó la batalla y perdió el favor de Dios. Josué perdió la batalla, pero fue restaurado luego de la caída. Saúl perdonó al malvado rey Agag, y Acán escondió el anatema en su tienda. Ambos actos representan la formación de ataduras del alma.

> Muchas de las cosas que se nos presentan hoy como modas son fetiches.

Las ataduras del alma hacen que las personas desobedezcan a Dios, representan apego a personas y a cosas que Dios nos ha ordenado que soltemos. Luego de estudiar los fetiches por algún tiempo, he encontrado que las personas pueden desarrollar un afecto inusual a cosas. Hay un espíritu de obsesión que generalmente está conectado con este afecto. He visto personas que tienen cientos de objetos de la misma clase y esconde su obsesión tras la excusa de ser coleccionistas. En realidad no están apegados al objeto en sí, sino al espíritu familiar asignado a ese objeto para mantener a la persona atada subliminalmente.

Muchas de las cosas que se nos presentan hoy como modas son fetiches. Lo que vemos como un estilo nuevo en realidad es la resurrección de espíritus antiguos. Las perforaciones corporales y los tatuajes son antiguos rituales paganos. En Levítico 19:28 Dios le dijo al pueblo que no se hiciera rasguños en el cuerpo por un muerto. También le dijo que no se imprima señal alguna en el cuerpo. Cuando los profetas de Baal querían atraer la atención de sus dioses, se hacían cortes. Los demonios se excitan ante el derramamiento de sangre. En antiguos rituales ocultistas adorador se tajeaba el cuerpo en un sacrificio de sangre para llamar a los espíritus de los muertos. En realidad estaba conjurando al poder demoníaco del inframundo.

La función del Kosmókrator, que es el dios del mundo, o de los espíritus gobernadores de las tinieblas, es cegar la mente de las personas.

> En los cuales el dios de este siglo cegó el entendimiento de los incrédulos, para que no les resplandezca la luz del evangelio de la gloria de Cristo, el cual es la imagen de Dios.
> —2 CORINTIOS 4:4

> Porque no tenemos lucha contra sangre y carne, sino contra principados, contra potestades, contra los gobernadores de las tinieblas de este siglo, contra huestes espirituales de maldad en las regiones celestes.
> —EFESIOS 6:12

Muchas personas no se someten conscientemente a sacrificar a los demonios, así que el enemigo los engaña mediante cosas tales como las perforaciones corporales y los tatuajes. Padres, oro que ustedes hablen estos temas con sus hijos. Cada vez que hay derramamiento de sangre en un salón de tatuaje o cuando alguien se hace una perforación en el cuerpo, eso es un sacrificio a Satanás. Estas cosas se han hecho comunes en nuestra sociedad, pero Levítico 10 dice que es responsabilidad del sacerdote enseñar a las personas la diferencia entre lo que es común y lo que es santo. En una época los tatuajes y las perforaciones corporales se limitaban a los presos y a las bandas de motociclistas. A medida que el mal se hace más común en nuestra sociedad, doctores, abogados e incluso maestros de escuela participan de esta moda.

Sé que muchos pensarán que estoy yendo demasiado lejos. Parece difícil entender que un objeto pueda tener un efecto tan grande en una persona. Pero tengo buenos ejemplos bíblicos sobre cuánto pueden impactar los objetos en alguien.

Los estudiosos de la Biblia suelen referirse a José como tipo de Cristo. Enseñan mensajes como "Del pozo al palacio", o "Pobrecito, José, todo el mundo se la agarraba con él". Rara vez escuchará a alguien predicar sobre por qué José pidió que sus huesos no quedaran en Egipto (Génesis 50:25). José sabía que el pueblo de Egipto estaba enganchado a sus fetiches.

> **Es responsabilidad del sacerdote enseñar a las personas la diferencia entre lo que es común y lo que es santo.**

Mientras escribo este capítulo sobre idolatría, Dios me ha bendecido para que viaje a Asia a estudiar la peor clase de idolatría.

Las personas de allí son muy supersticiosas y superficiales: una combinación peligrosa. Ser supersticiosa hace que una persona confíe en lo sobrenatural mientras que su parte superficial se apoya en cosas que puedan ser vistas. En Hechos 17 Pablo le dijo a la gente de Atenas que observaba que eran muy religiosos y reverentes a demonios. Los atenienses eran muy cultos, y el cordón de tres dobleces de la religión, la brujería y el intelecto los colocaba espiritualmente en un mal lugar.

Pablo les dijo que ellos estaban orando a un dios no conocido. La palabra "no conocido" en griego se pronuncia *ágnostos*, que se relaciona en español con la palabra *agnóstico*. Ser *agnóstico* significa no comprometerse o no venderse a nada. El agnóstico es alguien que no tiene ninguna prueba de Dios pero no niega que Él existe. Una persona agnóstica es el mayor ejemplo de tibieza que yo haya visto. Hay muchos agnósticos que dicen que creen en Dios pero que no creen en ir a la iglesia. Creo que podemos decir entonces que un agnóstico es una persona que cree en parte. En este caso, tenemos muchos agnósticos que dicen ser cristianos. Hay cristianos que dicen creer en Dios pero no en la hechicería, aunque la hechicería ocupa un rol muy significativo en la Biblia. Las Escrituras revelan lo bueno y lo malo, lo que me lleva nuevamente a la historia de José y cómo los objetos cambiaron su andar con Dios.

Echemos una mirada a la vida de José después de que salió del pozo hacia el palacio. Cuando le pidieron por primera vez que interpretara el sueño de faraón, él respondió: "No está en mí; Dios será el que dé respuesta propicia a faraón"

(Génesis 41:16). Pero años después, cuando José recuperó la copa de su hermano menor, su actitud había cambiado totalmente. Entonces dijo: "¿Qué acción es esta que habéis hecho? ¿No sabéis que un hombre como yo sabe adivinar?" (Génesis 44:15).

¿Qué llevó a José a la idolatría? La Biblia nos da tres claves en Génesis 41:42: Faraón le dio a José un anillo, que representaba matrimonio o relación; lo hizo vestir de ropas de lino finísimo, que representaban un manto o unción, y le puso en el cuello un collar de oro, que representaba un yugo o sometimiento.

Cuando muchos de nosotros pensamos en la idolatría, imaginamos antiguos tiempos bíblicos o paganismo africano o egipcio. Ese es un truco del enemigo porque la idolatría no se limita a una cultura ni a un tiempo. Creo que estamos viviendo en la época más idólatra desde el comienzo de los tiempos. En Lucas 11:29 la Biblia habla de cómo una generación perversa y adúltera busca una señal. Esta palabra, "señal", en griego es *semeíon* y significa "sobrenatural". Estamos viviendo en una época en la que la gente busca lo sobrenatural a cualquier costo. Quiere respuestas, pero no está dispuesta a esperar que Dios se las dé.

En este pasaje de Lucas, Jesús está diciendo que la idolatría busca el poder sobrenatural sin buscar una relación con Dios. Cuando separamos nuestra relación con Dios del poder de Dios, eso genera un espíritu de hechicería. Eso es lo que le sucedió a José. La hechicería es una obra

> **La idolatría no se limita a una cultura ni a un tiempo.**

de la carne y se la puede conectar fácilmente con el poder sin la relación. La relación es cómo adoramos o cómo nos conectamos con Dios, y a esto solo lo podemos hacer en espíritu y en verdad. Cuando la carne se entromete, solo desata rebelión, que es como el pecado de hechicería. Así es como la "hechicería carismática" se propaga en la Iglesia.

Una definición sencilla de "hechicería carismática" es cuando la unción se ha retirado y los dones continúan operando. La Biblia dice: "irrevocables son los dones y el llamamiento de Dios" (Romanos 11:29). La palabra "don" de este pasaje es *járisma* en griego y significa "favor espiritual divino". Basándonos en esta definición podemos decir con seguridad que la unción—que es el sello de la presencia de Dios en una persona, lugar o cosa—puede abandonar a una persona, y los dones espirituales concedidos divinamente pueden seguir operando. Dios no retirará esos dones: ¡son irrevocables! Por eso es muy importante que no busquemos señales.

Una señal representa lo que es físicamente visible; representa o promueve algo. Ezequiel tuvo una visión en la cual veía una rueda en medio de la rueda (Ezequiel 1). Esto es muy significativo. Ezequiel no se detuvo por lo que vio por fuera. No se quedó atrapado en la forma de la cosa ni en lo que parecía ser. Tuvo ojo espiritual para ver "la esencia" de la cosa. En otras palabras, la rueda en medio de la rueda representaba lo que hacía que todo funcionara. Ezequiel no estaba interesado en el cuerpo, en el exterior del auto, quería saber qué clase de motor lo hacía funcionar. Dios me habló claramente sobre la visión de Ezequiel. Me dijo: "¡Es el motor lo que determina tu motivación!".

Estamos viviendo en un tiempo en el que no nos podemos dejar atrapar por el resultado; debemos tener en cuenta la raíz. Jesús era la rueda en el medio de la rueda. No me importa cuán rápido vaya el vehículo si no es Jesús el que lo conduce. Si Jesús no está al volante, entonces la motivación siempre será incorrecta. Cuando buscamos señales, siempre quedaremos atrapados en las garras de la idolatría. En cambio, cuando buscamos una relación, nos convertimos en creyentes.

La Biblia dice que hay señales que seguirán a los verdaderos creyentes. Cuando estamos espiritualmente plantados, las señales nos siguen, y no necesitamos correr detrás de ellas. Creo que nuestra meta debería ser tener las manos limpias y el corazón puro, no movernos según señales y prodigios. Cuando nuestras manos estén limpias y nuestros corazones en orden, ¡las señales y prodigios nos seguirán! La generación que lo busque a Él será la que haga las mayores obras. El Salmo 24:3–6 lo describe perfectamente:

> ¿Quién subirá al monte de Jehová?
> ¿Y quién estará en su lugar santo?
> *El limpio de manos y puro de corazón;*
> El que no ha elevado su alma a cosas vanas,
> Ni jurado con engaño.
> Él recibirá bendición de Jehová,
> Y justicia del Dios de salvación.
> Tal es la generación de los que le buscan,
> De los que buscan tu rostro, oh Dios de Jacob.
> *Selah.*
> —ÉNFASIS AÑADIDO

Tengo hambre y sed de obras mayores, pero más aún mi deseo es conocerlo a Él. Para conocerlo en el poder de su resurrección, debo estar dispuesta a conocerlo en comunión con sus sufrimientos. Los ídolos vienen a nuestras vidas para hacer fundamentalmente dos cosas:

❊ Traernos fracaso

❊ Separarnos de la presencia de Dios

Un ídolo puede ser definido como cualquier cosa que está prohibida por Dios en nuestras vidas, o algo que ocupa en nuestro corazón el lugar que Dios debería ocupar. Es común que la gente vea a las cosas que están antes que Dios como ídolos, pero las cosas que no deberían estar en nuestras vidas también son ídolos. El diablo nos engañará para que creamos que podemos conservar en nuestras vidas ciertas cosas mientras las mantengamos a raya. Acán guardó el anatema. Estaba dedicado a los demonios y prohibido por Dios. Cualquier cosa que Dios prohíba se convierte en un ídolo si participamos de ella.

El tema de la idolatría trae muchas cosas a mi mente natural, pero entender las verdaderas profundidades de todo lo que está detrás de la idolatría es algo que solo puedo discernir espiritualmente. Cuando pienso en la generación que buscará el rostro de Dios, la primera persona que viene a mi mente es una joven a la que le ministré en Malasia llamada Eliza. Sé que hay cosas que estoy por compartir que pueden parecer difíciles de asimilar. Quizás usted podría querer repasar la enseñanza que hice anteriormente sobre "el hombre natural" antes de leer esta historia. Lo que estoy a punto de decirle es cierto. Cambié los nombres para proteger a las personas involucradas.

Quizás en este momento usted deba tomar una decisión respecto a mí. Puedo ser una predicadora loca que escribe un montón de tonterías, o ser una mujer de Dios que ha experimentado cosas reales en el mundo espiritual y que no tiene miedo de contarlas. Llamo a esta historia "Mi moderna experiencia en el monte Carmelo". Si todavía sigue conmigo, continúe leyendo.

Capítulo 5

MI MODERNA EXPERIENCIA EN EL MONTE CARMELO

UN EQUIPO DE TRES PERSONAS, MI ESPOSO Y YO llegamos a Sitiawan, Malasia, para descansar durante un día antes de comenzar una cruzada. Acabábamos de ministrar durante una semana en Hong Kong, y después de mucho viajar necesitábamos un tiempo de recreación. Nos detuvimos para visitar el edificio donde se realizaría la cruzada y para conocer a nuestro acompañante, quien nos llevaría de compras. El pastor quería que miráramos dentro del complejo, pero apenas atravesé la puerta comencé a preguntar por el mercado para hacer compras en la ciudad.

Entonces, sin advertencia alguna, el Espíritu de Dios entró al lugar y comenzó a hablarme. En lo natural pude haber parecido grosera, ya que corté abruptamente la conversación con el pastor y comencé a caminar por el lugar escuchando a Dios. Automáticamente todos los que estaban allí comenzaron a adorar a Dios. Ni siquiera nos atrevimos a mirarnos entre nosotros ya que el Espíritu Santo demandaba toda nuestra atención. Comencé a escribir la palabra del Señor a medida que Él me hablaba.

Me dijo que estaba parada en el monte Carmelo y que iba a avergonzar públicamente a los príncipes de la tierra. Me dijo que liberara a sus siervas y que cortara la dedicación de la tierra. Mientras Dios me decía estas palabras, yo no entendía mucho de lo que estaba oyendo. No tenía idea de que mi experiencia con Eliza arrojaría luz y revelación a cada una de las palabras que habían salido de la boca de Dios para mí.

Eliza tenía algo más de treinta años y rasgos atractivos. Pero ese día la lúgubre oscuridad que la rodeaba no era una escena grata. Me habían dicho que había un caso ministerial especial que requería atención particular, pero yo no tenía idea de lo serio que sería. Mi esposo me informó sobre esta joven, me dijo que había soportado mucho abuso ritualístico. A pesar de que habíamos tratado muchos casos de abuso por rituales, estaba a punto de embarcarme en un mundo que jamás había experimentado. La joven tuvo extrañas manifestaciones durante la reunión, y mi esposo y el equipo la ministraron personalmente durante las sesiones diurnas.

La primera noche me alarmé al enterarme de que un murciélago había volado sobre mi cabeza durante todo el servicio. Le agradecí a Dios que no me hubiera dejado ver a esa criatura porque sentía que no estaba preparada para esa clase de encuentro. A propósito, ese era el nombre de la cruzada: "Encuentro 2002". Tener un murciélago volando sobre mi cabeza mientras predicaba era un encuentro del que sentí que realmente podía prescindir.

Lo más irónico era que toda la habitación estaba iluminada con las luces de las cámaras y de las obras. Creía que los murciélagos no podían soportar la luz; son criaturas de la noche. Mientras mi esposo estaba ministrando a Eliza, ella le dijo que el murciélago había sido enviado por el diablo para atormentarla porque ella le había entregado su vida a Jesús. Dijo que mientras el murciélago volaba por toda la habitación, le causaba dolores de cabeza.

La segunda noche di un paso de fe cuando el murciélago apareció sobre el escenario en el momento en que me presentaban para que comenzara a predicar. No soy amante de las mascotas, y sin duda los murciélagos no son de mi agrado. Los animales grandes me producen escalofríos, así que tuve que resolver en mi espíritu entrar al escenario con mi "amigo" murciélago pendiendo sobre mí. Cuando comencé a orar, el murciélago desapareció entre las cortinas y no volvió a aparecer esa noche.

Me acerqué al pastor luego de la reunión y le pregunté si el ministerio tenía siempre problemas con los murciélagos. Sonrió con delicadeza y me dijo que los murciélagos llegaron cuando Eliza se unió a la congregación. Mi mente natural corría a toda velocidad. Traté de no reaccionar desmesuradamente. Todos parecían tan calmados ante esa situación, y yo no quería ser la única que perdiera el control. Mi equipo se sentó en primera fila con los ojos y la boca bien abiertos mientras el murciélago se abalanzaba en picada sobre la cabeza de su apóstol. Éramos cazademonios, ¡deberíamos haber sabido qué hacer en una situación como esa!

Para serle sincera, no solo no supimos qué hacer, sino que no supimos cómo actuar. Por fin, el pastor me llevó a un costado y me explicó la historia de Eliza. Lo que me contó no mejoró la situación, pero ahora sabía lo que el Señor había querido decirme cuando me dio la bienvenida al monte Carmelo.

Eliza se había enamorado de un hombre en una fiesta muchos años atrás. Él la llevó a un hotel esa primera noche que se conocieron, y siguieron viéndose por un tiempo. Eliza era virgen cuando lo conoció. Era muy joven y tenía la esperanza de que él se convirtiera en su esposo. Más tarde se enteró de que él era casado y que no tenía ninguna intención de casarse con ella. Él terminó la relación y dejó a Eliza desesperada. Eliza no estaba dispuesta a darse por vencida tan fácilmente, voló a Tailandia e hizo una cita con el hechicero de más alto nivel del país, que casualmente era monje del templo más rico y famoso del mundo.

Eliza fue a Tailandia para obtener poder para maldecir a este hombre y hacer que dejara a su esposa y se casara con ella. Pasó cuatro días y tres noches con algunos de los hechiceros de más alto rango en el mundo conocido. Los monjes y los demonios tenían sexo con ella todas las noches. Primero, creo que es importante explicar cómo un demonio puede tener sexo con una persona. Esto ocurrió en las Escrituras.

> Si un hombre mira a una mujer para codiciarla, ya adulteró con ella en su corazón.

En Génesis 6, la Biblia habla de cómo los hijos de Dios descendieron y tuvieron sexo con las hijas de los hombres. Hoy sé que estos espíritus se llaman Íncubo y Súcubo. El diccionario Webster's se refiere a esos espíritus como entidades demoníacas que atacan sexualmente a hombres y mujeres cuando están dormidos. Los demonios pueden presentarse en sueños como alguna persona conocida o como una persona a quien se admira en secreto. He dado ministración personal a varias prostitutas, y ellas tienen constantes encuentros con estos espíritus. Demasiadas de ellas han descrito las peores formas de esos demonios de la misma manera. Esos espíritus realmente se ven como monstruos, pero se disfrazan para parecerse a lo que la persona desea.

En sesiones de consejería con mujeres salvas, descubrí que muchas han recibido a estos espíritus y utilizado este tipo de actividad como una forma de abstenerse de la fornicación. Estaban teniendo relaciones sexuales en sus sueños. La Biblia dice que si un hombre mira a una mujer para codiciarla, ya adulteró con ella en su corazón (Mateo 5:28). Sucede lo mismo al considerar el sexo con demonios. Es por eso que la masturbación es un pecado; es un pecado de la imaginación. Dios destruyó todo el mundo en una inundación debido a los pensamientos de los hombres (vea Génesis 6). Lucifer fue derribado del cielo por lo que pensaba hacer.

El sexo nunca es un acto de una sola persona. Quien se masturba quizás crea que está solo, pero le ha abierto una puerta a la unión sexual con espíritus de pesadillas. Un acto que comienza con una fantasía que se disfruta puede terminar como una demoníaca pesadilla de tormento. La Escritura nos dice que el pecado, siendo consumado, da a luz la muerte.

El objetivo del enemigo es impregnar a la víctima con un Cambion: la simiente de Satanás que se implanta en un individuo como resultado de su relación con espíritus de pesadilla. Espíritus Íncubo y Súcubo dejan caer Cambions en el útero espiritual de la persona. Es por ello que Pablo dijo: "En Cristo Jesús yo os engendré por medio del evangelio" (1 Corintios 4:15). Cada hombre y cada mujer tienen un útero espiritual. Todos fuimos hechos para procrear y multiplicarnos. El diablo quiere que nos convirtamos en hacedores de su maldad, pero nacimos para dar a luz para la gloria de Dios.

Las Escrituras nos advierten que Dios odia siete cosas. Una de ellas es "el corazón que maquina pensamientos inicuos" (Proverbios 6:18). Un encuentro con demonios sexuales no significa necesariamente que se haya producido un embarazo demoníaco, así como el coito natural no siempre lleva al embarazo. Pero cada vez que se tiene sexo hay un riesgo de que se produzca un embarazo.

Los encuentros continuos con esos espíritus pueden resultar en un embarazo de un Cambion, que es muy popular en África. Son frecuentemente referidos como embarazos fantasmas. A veces los vientres de las mujeres crecen de verdad como si estuvieran embarazadas. Se ha sabido de mujeres que han soportado este tipo de embarazos por hasta dos años. Yo personalmente he echado fuera demonios de personas con esos espíritus. También he tenido muchos conflictos con brujas que por propia voluntad han tomado la simiente de Satanás para tener más poder y un rango más alto en el mundo de la oscuridad.

Muchas mujeres han recibido ignorantemente a estos espíritus por la desesperación de ser estériles. A través de la Biblia Dios liberó a muchas mujeres del espíritu de esterilidad. Cuando esto es un problema, la solución es creer en Dios y esperar en Él. La impaciencia en esta área puede abrir una puerta a un espíritu erróneo. Mujeres que no están realmente embarazadas pueden comenzar a experimentar todos los síntomas de un embarazo natural por medio de estos espíritus engañadores.

Otra forma en que estos espíritus pueden entrar en una persona es a través del espíritu de lujuria. No debería ser aceptable que una persona tenga constantemente sueños de encuentros sexuales o que experimente orgasmos incontrolables durante su sueño. Cuando yo estaba creciendo, escuché que la gente se refería a esto como un sueño húmedo. Era considerado algo aceptable y normal. Hoy sé que es demoníaco. Estos actos no deberían ser tolerados en la vida de un cristiano. Hemos ministrado a demasiadas personas que están bajo esta clase ataques; algunos llegan a un punto en que los demonios los atacan mientras están despiertos y conscientes.

Deberíamos sentarnos y hablar particularmente con nuestros hijos sobre este tema. Todas las puertas que puedan atacar su sexualidad deben ser cerradas. La falta de conocimiento en esta área puede ir en detrimento de ellos. Cuando una persona es atacada de esta manera debería atar a esos espíritus de pesadilla y llamarlos por nombre (Íncubo, Súcubo, Cambion). Estos espíritus no tienen derecho a operar en la vida de un creyente. Nunca he ministrado a una persona que quisiera ser libre de este tipo de atadura que no fuera liberada inmediatamente. Si usted o alguien que usted conoce están siendo atormentados por estos espíritus, los pasos para ser libre son sencillos:

1. Arrepiéntase de recibir a esos espíritus (ya sea consciente o inconscientemente).

2. Renuncie a cualquier acto sexual o trato que haya abierto la puerta a esos espíritus.

3. Tome autoridad sobre esos espíritus atándolos en el nombre de Jesús (llámelos por nombre).

4. Declare la sangre de Cristo sobre usted y sobre su familia (estos espíritus son contagiosos).

5. Agradezca a Dios por la victoria sobre estos espíritus inmundos.

Ahora, volvamos a Eliza. Algunas de las historias que Eliza nos contó sobre su encuentro de cuatro días en el templo en Tailandia son demasiado groseras como para compartirlas. Sin embargo, puedo decirle que ella tuvo una ceremonia de casamiento con el mismísimo príncipe de las tinieblas, Satanás. Ella juró no casarse jamás con un hombre físico, y debía dar a luz a la simiente de Satanás. Este era un tipo de espíritu de pacto sin precedentes que le habían asignado por el que ella nunca podría tener una relación exitosa con un hombre. Muchos demonios tratarán de casarse con personas para que no puedan tener matrimonios exitosos. Los matrimonios demoníacos pueden suceder como resultado de orgías, actos sexuales ritualísticos por medio de brujería, adulterio, fornicación, pornografía y mucho más.

Estas son solo algunas de las cosas que pueden abrir esas puertas. La persona finalmente queda atada al espíritu porque ha roto el pacto con Dios y ha hecho un acuerdo con el espíritu. Durante las manifestaciones que ocurren en el proceso de liberación frecuentemente hemos oído espíritus que declaran que la persona que está siendo liberada era su esposa o esposo. Los espíritus hablan por boca de la persona y manifiestan que tienen derecho a estar allí.

Eliza había conocido al reverendo Kay Chung y le había entregado su vida al Señor. Durante treinta meses este pastor y su congregación habían ministrado a esta joven para que fuera libre de las garras de Satanás. Cuando recién entregó su vida a Jesús, los demonios la visitaban cada noche para violarla. Dios la liberó de esas violaciones demoníacas de su cuerpo en una temprana etapa. Pero el cautiverio en el que ella seguía era más de lo que podía soportar. Tenía marcas negras y azules en todo su cuerpo. Cuando recién la conocí, Eliza no me podía mirar a los ojos, me respondía gruñendo.

Se me estremeció el corazón por ella cuando el reverendo y su esposa me contaron que más de tres mil agujas y clavos salieron de su cuerpo cuando le ministraron liberación. Sé que esto puede resultar difícil de creer, pero he visto personalmente cómo salían alfileres de la parte superior de su cabeza cuando les ordenábamos a los demonios que salieran de ella. Todo el mundo en la iglesia del pueblo le tenía miedo por las fuertes manifestaciones demoníacas que exhibía en los servicios. Fue recién unos días después de las reuniones que me di cuenta de que había una conexión entre Eliza y el murciélago.

Durante una sesión privada en la oficina del pastor, aparecieron de la nada cuatro murciélagos y un búho y empezaron a atacar la cabeza de Eliza. El pastor mató a las criaturas en su oficina. Eran todas criaturas de la noche, y aparecieron en esa sala que no tenía ventanas ni lugar de entrada. Otra vez, sé que puede resultar difícil creer esta historia, pero las iglesias estadounidenses están muy resguardadas. Nuestra actitud hacia el diablo es muy subliminal. Es solo un personaje de dibujo animado con un tridente y una cola puntiaguda. En

> **Los principados están limitados al rango de príncipe, pero hay un solo Rey.**

nuestra sociedad redefinimos los ataques demoníacos. La posesión demoníaca está siendo formulada y evaluada psicológicamente y en términos médicos. Encerramos las mentes de las personas con medicación o encerramos sus cuerpos en instituciones mentales porque no sabemos qué otra cosa hacer con ellos.

No estoy diciendo que todo sea culpa del diablo ni que no haya algunos casos de genuina enfermedad mental. Lo que sí estoy diciendo es que muchas cosas que son demoníacas han sido entregadas en manos de profesionales cuando deberían haber sido tratadas por la iglesia. Si hubiese un avivamiento en todo el mundo y los profesionales llevaran todos sus casos a la iglesia ¿sabríamos por dónde empezar? Satanás es el dios de este mundo y el príncipe de los poderes del aire. Pero Jesús es Señor de todo. Los principados están limitados al rango de príncipe, pero hay un solo Rey.

He oído personas que dicen que Satanás es señor de las rutas aéreas. Yo disiento. Él es el príncipe del poder del aire, pero Jesús es Rey de los cielos. Esto significa que aunque Satanás gobierne sobre los hijos de desobediencia, como creyentes nosotros estamos sentados en los lugares celestiales con Cristo Jesús. En el espíritu este lugar está muy por encima de todo principado y de todo dominio que se pueda nombrar. Jesús no solo es Rey, sino que también nos dio autoridad para reinar en su lugar en la tierra. Hemos recobrado el dominio que Adán perdió.

Esto me lleva nuevamente a la palabra que Dios me dio sobre los príncipes que operaban sobre Malasia. El trato con Eliza me ayudó a entender que se estaba llevando a cabo una batalla por su alma en el ámbito espiritual. Esta mujer había sido dedicada para ser la novia de Satanás. La Biblia dice que ninguno de los príncipes de este siglo conocieron la sabiduría, porque si la hubieran conocido nunca habrían crucificado al Señor de gloria (1 Corintios 2:8). Creo que si Satanás hubiera sabido, habría dejado tranquila a esta jovencita. Los principados que la eligieron jamás pensaron que ella se enamoraría de Jesús y le dedicaría su vida a Él. Durante su búsqueda de poder, ella hizo un voto de muerte de que un día se suicidaría y se encontraría con su esposo (el diablo) en el infierno. Ahora había hecho un voto más grande al Señor de señores para pasar la eternidad con Él.

Con toda la gente de ese pequeño pueblo mirando, hubo un enfrentamiento en el espíritu. O los profetas de Tailandia estaban sirviendo al verdadero dios, o yo lo hacía. El caso de Eliza sería el fuego que encendería la madera mojada ante los habitantes de este pueblo. La primera noche prediqué sobre el tema del "Monte Carmelo". Declaré que no había ido con seductoras palabras de hombres, sino con demostración del poder de Dios. Hice esta declaración ante una nación que estaba celebrando el cumpleaños de Mahoma como una fiesta nacional. Estábamos en un país musulmán donde las mujeres deben envolverse en atuendos religiosos desde el tope de sus cabezas hasta la planta de sus pies. En las calles de Malasia, todas las mujeres que no tenían la cabeza cubierta por Alá tenían un punto en el medio de sus frentes por el dios del hinduismo.

Había sacrificios a todo tipo de dios en forma de flores, frutos y velas por todas las calles de la ciudad. Todos servían a algún dios, pero nadie era libre. No me habían dicho que era ilegal predicar a los musulmanes en Malasia. En los servicios me acercaron a un joven para que orara. Un hombre me alertó frenéticamente que el muchacho no era cristiano. Creí que su afirmación era una tontería. Pensé: "Ya sé que no es cristiano. Por eso necesito llevarlo al Señor".

Más tarde me enteré de que el hombre que me alertó era el líder de un grupo clandestino de musulmanes que se habían convertido a Jesús. Me estaba advirtiendo que podría ir a la cárcel si un acto público así fuera reportado. Con lágrimas, este hombre compartió cómo su vida estaba en juego todos los días. La meta de este ministerio era que los musulmanes se convirtieran a Jesucristo. Las vidas de sus familias e hijos estaban en riesgo a diario por el evangelio.

> **La fe que nunca es desafiada no crece.**

La mayoría de los que estén leyendo esta historia seguramente no tienen que hacer ese tipo de sacrificios por el evangelio de Jesucristo. Creo que lo menos que podemos hacer es estar abiertos a la verdad sobre lo que viven hoy en día los cristianos perseguidos. Es muy peligroso estar demasiado cómodo como cristiano. Siempre deberíamos estar en un lugar en el que haya cosas que desafíen nuestra fe. La fe que nunca es desafiada no crece. Creo que esta historia desafiará su fe.

El espíritu familiar es el mayor enemigo de nuestra fe. Nos ata para que solo creamos aquello que nos resulta conocido. La Biblia nunca nos dice que creamos lo que nos resulte familiar. Las Escrituras en realidad dicen que lo que vemos en el mundo natural no es lo que está ocurriendo en el espíritu. Declara que debemos probar el espíritu de una cosa para ver si es de Dios o no. Si juzgamos las cosas por su familiaridad natural, estaremos condenados al engaño. Por otro lado, si le pedimos a Dios que nos muestre el espíritu que está detrás de lo que enfrentamos, no podemos equivocarnos. Si Dios es el espíritu que está detrás de algo, no hace falta que lo entendamos con nuestra mente natural.

La Biblia dice que no deberíamos juzgar según nuestro propio *entendimiento* sino reconocer al Señor en todos nuestros caminos y Él enderezará nuestras veredas (Proverbios 3:6). La palabra *reconocer* es muy importante en este versículo de la Escritura. Nos muestra que si podemos reconocer el hecho de que Dios está involucrado, no hace falta que entendamos; solo necesitamos confiar en Él. Confiar en Dios siempre nos lleva a un entendimiento definitivo. Cuando Abraham colocó a Isaac en el altar, estoy seguro de que no entendía. Pero confiaba en Dios. Les dijo a los jóvenes que iban con él que él y el muchacho irían a adorar a Dios, pero que regresarían. No tenía todos los detalles de cómo volverían, pero sabía que Dios nunca lo dejaría ni lo abandonaría.

Cuando Abraham obedeció a Dios, al final Él le reveló el cuadro completo. Como lector, usted debe tomar una decisión en este momento. ¿Está Dios en el contenido de lo que está leyendo ahora? En el espíritu solo hay dos autores: Dios y el diablo. El diablo es el autor de la confusión, y Jesús es el autor y consumador de nuestra fe. Pregúntese: ¿Da Kimberly Daniels un testimonio creíble en lo natural y en el espíritu? Si usted cree que Dios está en esta historia, no permita que su mente natural lo aparte de la verdad. (Satanás viene a robar, matar y destruir, pero Jesús viene para que tengamos vida). ¿Se refiere esta historia a la vida abundante? Debemos considerar quién se está llevando la gloria con esta historia. Así como Abraham les dijo a los jóvenes que estaban con él yo le digo a usted que estamos por ir a un lugar que quizás no entienda. ¡Mi promesa es que regresaremos!

Le prometo no llevarlo y dejarlo colgado. El diablo está derrotado por la sangre del Cordero y por la palabra de nuestro testimonio. En muchas culturas no es apropiado abrir y mostrar públicamente los trapos sucios que uno tiene guardados en el armario. Aunque el testimonio debe ser contado en el tiempo de Dios, soy testigo que de cuanto más usted mire adentro del armario, a más personas bendecirá. Algunas de las cosas que estoy a punto de compartir lo llevarán allí. ¿Dónde es allí? Probablemente, a medida que siga leyendo este libro, algunas de las cosas que estoy compartiendo lo llevarán a otro nivel del ámbito espiritual.

La Palabra del Señor declara que sin fe es imposible agradar a Dios. Oro para que los ojos de su entendimiento sean abiertos mientras lee el recordatorio de esta historia, ¡en el nombre de Jesús!

❋ ❋ ✳ ❋ ❋

Aunque mucha gente no conocía los detalles de su historia, Eliza era conocida en la comunidad como la persona poseída por un demonio. Nuestra tarea en Malasia era declarar el señorío de Jesucristo en el país.

¿Era Jesús lo suficientemente Señor para liberar a Eliza? Usted podría preguntarse por qué una persona de fe como yo hace una pregunta como esta. Esta es la pregunta que yo podía percibir en las miradas de las personas. Tal como en el monte Carmelo, las personas observaban para ver de quién era el dios que respondía por fuego. El caso de Eliza parecía ser terminal. Aunque había recibido liberación de espíritus de ocultismo, los ídolos se manifestaban físicamente dentro de su vientre como si ella estuviera a punto de dar a luz. Las estatuas de ídolos de cuatro a seis pulgadas (aprox. de 10 a 15 cm) que salieron de su vientre fueron colocados en frascos con aceite para ungir. El equipo ministerial tomó un descanso, y cuando regresó, los ídolos habían desaparecido misteriosamente de los frascos.

La anteúltima noche de servicios, el murciélago me encontró nuevamente en la plataforma. Esta vez la asquerosa criatura parecía más osada que antes. Se lanzó fervorosamente sobre las cabezas de las personas. Traté de concentrarme en lo que estaba predicando, pero el animal se me abalanzaba y volaba cada vez más cerca de mí a medida que el tiempo pasaba. Comencé a reprender al diablo, y el murciélago comenzó a chocar contra las paredes del santuario. Parecía que el roedor alado estuviera borracho. Mi corazón latía con rapidez, y cuando estaba a punto de tener miedo, me enojé con el diablo. Pensé: "¿Cómo se atreve a interrumpir el servicio a Dios?". Decidí que ni siquiera el enemigo físico que estaba enfrentando me impediría cumplir con mi misión esa noche.

Era el murciélago o yo, y decidí defender mi postura. Al fin del servicio de esa noche, supe que estaba peleando en el nivel de guerra. Estaba un poco decepcionada porque el murciélago no había caído muerto cuando lo reprendí. Hasta oré para que saliera después el servicio porque sabía que no era ilegal matar a un murciélago. Creía que el equipo y yo podríamos tomar un palo y terminar con aquella pesadilla cuando todos hubieran dejado la iglesia. Estaba enojada con el diablo, y en verdad quería descargarme físicamente con el murciélago. Otra decepción fue que el murciélago solo salió cuando yo estaba predicando. ¿No es típico del diablo?

La primera noche de la reunión habíamos tenido un tiempo difícil para avanzar en el espíritu. Fue como si hubiera una barrera entre la gente y yo cuando estaba predicando, y los demonios iban saliendo lentamente. Cuando volví a la habitación de mi hotel, clamé a Dios. Me sentía como si no tuviera unción sobre mí, y creí que mi esposo debía predicarles a esas personas. El diablo había hablado, y por un minuto consideré el pensamiento: "Este es un país islámico; quizás acepten más a un hombre".

Lo único que yo quería era ver el poder de Dios manifestándose; no me importaba a quién usara. La respuesta que Dios me dio a la oración no era lo que esperaba oír. En realidad el Señor me reprendió. Me dijo que debía andar por fe y no por vista. Me dijo que sin fe era imposible agradarle. También me dijo que si yo supiera lo que estaba sucediendo en el espíritu y con lo que me estaba enfrentando, empezaría a alabarlo. Dejé de llorar, me sacudí el polvo, y me decidí a agradar a Dios.

La experiencia del monte Carmelo no fue para probar que Elías tenía más poder que la malvada reina Jezabel. Fue para declarar abiertamente que el Dios de Elías tenía poder sobre el mismísimo Satanás. El enfrentamiento no era entre los profetas de Tailandia y yo; era la batalla de Dios sobre todos los poderes de las tinieblas. Mi parte era tomar una postura y declararla, y Dios se encargaría del trabajo liviano. La parte más difícil de la guerra es que Dios consiga que nosotros declaremos su señorío y autoridad en poder. El resto es sencillo porque el diablo no es competencia para el Altísimo. La batalla era entre Dios y Satanás; ya estaba hecho.

De repente vino paz sobre mí, y liberar a Eliza dejó de ser un problema. Estaba más preocupada por seguir guiando a la gente a otro ámbito de adoración al Señor. La última noche entré al edificio, y Eliza estaba sentada en el mismo asiento en que había estado toda la semana. Cada noche los demonios se manifestaban en ella mientras fluía la Palabra de Dios. Todos estaban acostumbrados a eso, así que nadie prestaba atención a sus acciones. Ella se sentaba frente a mí y esperábamos que comenzaran la alabanza y la adoración. Me sentí compelida a acercarme y hablar con ella por primera vez. Sabe, mi equipo la había estado ministrando hasta entonces, y yo nunca había orado personalmente por ella.

Le pregunté cómo se sentía, y me dijo que estaba muy cansada. Que había dormido a la tarde al salir del trabajo porque a la noche no había podido. Su jefe era un miembro de la iglesia, y la contrató para ayudarla. Él me había dicho que cuando ella recién comenzó a trabajar, se apagaban las luces de la oficina, y la fotocopiadora se apagaba sola. Cuando me dijo esto, Dios me recordó algo extraño que había sucedido la primera noche de la conferencia.

Había habido un repentino aumento de energía eléctrica y el órgano comenzó a sonar solo mientras yo estaba predicando. Sucedió tan rápidamente que mi mente lo eliminó. Varias personas lo vieron, pero nadie pareció conmoverse. Mi esposo confirmó que así había sido, pero no podía explicarlo, de modo que lo olvidamos. Recordé todas estas cosas cuando Eliza me contó que no había podido dormir esa noche. No podía explicar lo que había sentido, pero sentí que era necesario que una mujer le ministrara liberación personal. Fue como una unción repentina del Espíritu Santo. Unos minutos antes de predicar llamé al pastor y a un intérprete a la oficina. Invité a Eliza para que entrara conmigo, pero me dijo que tenía miedo de mí y que no quería que yo orase por ella. Supe que estaba en el camino correcto.

Ella comenzó a manifestarse mientras íbamos hacia la oficina, así que rápidamente buscamos privacidad. Los demonios que estaban dentro de ella comenzaron a maldecirme con lenguaje grosero en idioma chino. Eliza hablaba un inglés fluido, pero los demonios hablaban a través de ella en chino. El intérprete me dijo que los demonios repetían insistentemente "Tailandia me pertenece. ¡No puedes tener a Tailandia!". Cuando viajé a China el año pasado me habían profetizado que sería llamada a Tailandia. Solo había oído de ese lugar en las clases del secundario. El Señor también me dio una palabra en oración de que me mandaría a combatir el Ojo del Tigre. Busqué por todos lados lo que significaba esto. Por fin, un psiquiatra chino con el que habíamos trabajado para estudiar liberación con sus pacientes me contó sobre el Ojo del Tigre.

Este término se usa en Asia para describir uno de los más altos niveles de hechicería. Su origen está en Tailandia, y significa hacer guerra a muerte. Recuerdo una escena de la película *Rocky* en que Sylvester Stallone ya no podía luchar más. Su entrenador comenzó a gritar: "Ojo de Tigre" desde una esquina. Él recibió otra infusión de energía y ganó la pelea. Esta es una guerra que es peleada por espiritualistas de alto nivel que darán sus vidas por la causa. Es una guerra espiritual por medio de la hechicería. El concepto de Ojo de Tigre es una falsificación de Apocalipsis 12:11, que dice que menospreciaron sus vidas hasta la muerte.

¡Los demonios son muy bobos!

Suelo compartir con la gente que los demonios son muy bobos. No piensan por sí mismos. Solo siguen las órdenes que les dan los demonios que tienen rango más alto que ellos. El cautiverio de Eliza era gobernado por un espíritu territorial que dominaba su vida a causa de su experiencia en Tailandia. El gobernante del espíritu territorial y los sacrificios a Satanás que se hacían en Tailandia les habían dado a los demonios derecho a poseer su cuerpo. Tomé autoridad sobre el principal espíritu que gobernaba sobre su cabeza en Tailandia. También corté su alianza con los demonios que poseían su cuerpo. En su estupidez, los demonios se acusaban unos a otros. En los muchos años que tengo en el ministerio, he visto que esto sucede cuando hay una influencia demoníaca muy severa sobre la vida de una persona. Si al ministrar liberación usted se topa con un muro que no puede atravesar, la solución es esperar pacientemente. Los demonios terminarán por acusarse unos a otros.

Observe las acciones de la persona o escuche lo que los demonios le están haciendo decir. Generalmente esto le dará pistas sobre cómo orar. La clave es que usted debe ser capaz de discernir espíritus. El Espíritu Santo le dirá si usted debe cerrar la boca de los demonios o escuchar lo que estén diciendo. Hubo momento en la Biblia en que Jesús les dijo a los espíritus que mantuvieran la paz, y otras en que les preguntó: "¿Cómo te llamas?". Jesús dejó que los demonios hablaran a través del hombre que estaba poseído por la Legión (vea Marcos 5:9).

Después de toparnos con muchas paredes en este caso de liberación, finalmente pudimos avanzar. Se encendió una luz en mi cabeza. Se produjo un avance tras otro. Me di cuenta de que habíamos atado al hombre fuerte. Cuando los demonios de su interior gritaron: "Ella tendrá a mi bebé" supe que tenía que matar a la simiente de Satanás que estaba dentro de ella. La escritura que vino a mi mente fue la de que la mujer heriría la cabeza de la simiente de Satanás (Génesis 3:15). Yo fui la primera mujer que le ministró liberación a esta joven. No hay muchas mujeres que ministren liberación en un país islámico. Eliza llevaba en su vientre un Cambion demoníaco, y mi tarea era herirlo en la cabeza.

Otro espíritu que gobernaba era el espíritu del vampiro. Por segunda vez le pregunté por qué no había dormido esa noche. Me dijo que el diablo la tomaría si se quedaba dormida a la noche. Esto explicaba las manifestaciones de las criaturas de la noche. Sus manos adoptaron la forma de un escorpión a punto de atacar, y cuando reprendí el espíritu de escorpión, ella cayó al suelo y comenzó a arrastrarse como una víbora. Le pedí al pastor que la levantara y les ordené a los demonios que dejaran hablar a Eliza. Declaré sobre su cabeza que ella dormiría por la noche y que el diablo no la volvería a atormentar. Miré con audacia directamente a su rostro y le pedí que me mirara a los ojos y me dijera quién es el Señor. Le pregunté quién tenía el poder, si Jesús o el diablo. Le tomó algunos minutos decirlo, pero finalmente pudo sacar de su boca las palabras de que Jesús tenía más poder que el diablo.

Coloqué mi mano sobre la parte baja de su vientre y maldije a la simiente de Satanás que estaba en su útero. Por la autoridad de Jesucristo, hice un aborto espiritual y maté al bebé de Satanás. Su cuerpo cayó inerte cuando le ordené al espíritu de Drácula que saliera de ella y rompí la maldición del muerto vivo dentro de ella. Más tarde nos enteramos de que ella le había tomado miedo a la oscuridad después de haberse obsesionado con las películas de Drácula. Eliza le contó al equipo que cuando llamé al espíritu de Drácula, eso incrementó su fe porque ella nunca le había confesado a nadie su obsesión con Drácula, que se había convertido en un miedo incontrolable.

El ministerio profético es muy importante en la liberación. Le da aliento a la persona que está recibiendo liberación cuando oye que el miembro del equipo llama algo que jamás había contado. Entonces saben que es el Espíritu Santo el que está haciendo la obra. No tengo nada contra las personas que escriben una lista de lo que piensan que necesitan ser liberados o las listas genéricas que ya están hechas. Pero prefiero fluir en profecía. Entrenamos a nuestros equipos de esta manera para hacer liberación, y generalmente usamos listas genéricas cuando hacemos reuniones de liberación masiva. Otro punto es que Eliza no vomitó en un balde. Fue arrojando por toda la habitación, y eructó mucho. Las manifestaciones de Eliza en la oficina del pastor esa noche me recordaron mis propias manifestaciones cuando fui libre. Los demonios se manifiestan de diversas maneras:

* Liberan aire del cuerpo por la boca o por el recto.

* Escupen o vomitan por la boca.

* Arrojan el cuerpo de la persona con violencia por la habitación

* Hablan a través de la persona o le prohíbe que hable

* Por sudor que sale por los poros

* Sangran por la boca o por el recto

* Cambian el semblante de la persona

* Por medio de la tos o por ahogo

❋ Por medio de llanto

❋ Se orinan o tienen movimientos intestinales incontrolables

> **Los ministerios de liberación deben establecerse física y espiritualmente.**

Hay muchas más, pero debo decir que estas son las manifestaciones de los casos de liberación más leves. No creo oportuno profundizar en los casos de manifestaciones más serias en este momento. También sé que hay muchas cosas que no conocemos sobre liberación. Estamos aprendiendo más y más cada día. Y debo hacer esta afirmación en nombre de los ministros de liberación de todos lados: ¡No somos exorcistas! Mi espíritu se duele cuando las personas se refieren a la liberación como un exorcismo. La Palabra del Señor nos dice que eso es un error.

Los siete hijos de Esceva eran exorcistas; los demonios no reconocen a los exorcistas. El espíritu malo les respondió: "A Jesús conozco, y sé quién el Pablo; pero vosotros, ¿quiénes sois?" (Hechos 19:14–16). El versículo 13 dice que Esceva y sus hijos eran judíos ambulantes. La Biblia se refiere a ellos como exorcistas. También dice que intentaban echar fuera demonios por el nombre de Jesús, el que predicaba Pablo. Los resultados fueron que los demonios que había en el hombre saltaron sobre ellos, y ellos huyeron desnudos.

Alguien que es ambulante se mueve de un lugar a otro y no tiene raíces físicas ni espirituales. Es inestable e irresponsable y tiene un estilo de vida cuestionable y de mala reputación. Los ministerios de liberación deben establecerse física y espiritualmente. Deben llevar un estilo de vida sin reproche entre las personas para no avergonzar el ministerio de Jesucristo. Por último, pero no por ello menos importante, deben estar arraigados en la liberación hasta el punto de vivir una vida equilibrada, con sumisión a una cobertura de autoridad apostólica. Estudiar la historia bíblica de la familia de Esceva me llevó a notar lo siguiente:

* Hay una diferencia entre el exorcismo y la verdadera liberación.

* Un requisito para el ministerio de liberación es tener una relación directa con el Señor.

* Debe haber un llamado de Dios sobre la vida de la persona para desarrollar ciertos niveles de liberación; la gentes no puede intentar por sí misma llevar a cabo este ministerio. (Los hijos de Esceva intentaron invocar el nombre del Señor Jesús sobre los que tenían espíritus malos, Hechos 19:13).

* Los demonios no reconocen a los exorcistas; solo se sujetan a quienes están bajo un mandato apostólico.

* El ministerio de echar fuera demonios debe estar acompañado con la sana prédica del evangelio de Jesucristo. Los siete hijos de Esceva no predicaban a Jesús, pero ellos querían echar fuera demonios.

El ministerio de liberación no consiste solo en echar fuera demonios. Habrá personas que estarán frente a Dios y dirán: "Señor, ¿no hemos echado fuera demonios en tu nombre?" Las brujas y otros rechazados por Dios pueden echar fuera demonios. Pueden ordenar a los espíritus que dejen a una persona porque las brujas pueden operar por espíritus controladores. Un espíritu controlador utiliza demonios para controlar a las personas, los lugares y las cosas. La idea de que Satanás no puede echar fuera a Satanás en realidad significa que la verdadera liberación no se puede llevar a cabo mediante un control demoníaco. Una bruja puede ordenarle a un demonio que deje temporalmente a una persona, o puede mudar un espíritu a otra parte del cuerpo de la persona.

Los ministerios de liberación ministran al hombre entero. La opresión demoníaca traumatiza a la persona, y no solo se necesita echar a los demonios fuera de ella. Los mismos espíritus que son echados fuera de la persona están buscando lugares secos. Están buscando cuerpos que hayan sido barridos y adornados. Estos espíritus necesitan un cuerpo para cumplir su misión.

> **Todo creyente es llamado a echar fuera demonios.**

Para un demonio es un tormento estar vagando sin tener un lugar donde morar. La Biblia dice que no le demos lugar al diablo. Le damos lugar cuando los ríos de agua viva no fluyen en nuestras vidas. Cuando no hay Palabra, no hay agua.

De nuestro interior correrán ríos de agua viva. Esto

representa al Espíritu Santo de Dios. Sin el Espíritu, la Palabra, y la luz de Dios en nuestras vidas, estamos expuestos a la infiltración demoníaca. La verdadera unción para el ministerio de liberación no es solo para sacar a la gente de Egipto y llevarla al desierto. El poder del ministerio de liberación es para llevar a las personas a la tierra prometida. Creo que Dios está levantando una generación que tiene la gracia para guiar a su pueblo a la tierra prometida.

Algunos ministros dirían que las cosas que suceden en el ministerio de liberación son demasiado radicales, y no se necesita todo eso. Muchos dicen que no creen en ello. Yo digo que quienes dicen eso no podrían haber viajado con Jesús. Jesús dijo que si usted no está con Él en el ministerio, no está con Él para nada.

> El que no es conmigo, contra mí es; y el que conmigo no recoge, desparrama.
> —MATEO 12:30

Aquí es donde se traza la línea en el ministerio. No todos son llamados a ser punta de lanza en el ministerio de liberación, pero todo creyente está llamado a echar fuera demonios. Aún si un líder no siente el llamado de Dios a acceder a las profundidades de ese reino, debería proporcionar un acceso para las personas que deseen ser liberadas. Así como nosotros tenemos toda clase de ayuda que se pueda nombrar debajo del sol, cada iglesia necesita un "auxiliar cazademonios".

Quizás ese nombre sea demasiado radical para su iglesia. Quizás usted pueda llamarlo "ayudante de sanidad interior". Provea un mecanismo que ayude a las personas a ser libres. Siempre que Jesús entraba en escena, los demonios eran provocados. Los espíritus que se escondían en el templo salían de su escondite cuando aparecía la unción. Si usted está verdaderamente ungido, provocará a los demonios, y necesitará saber cómo tratarlos.

Y a todos los líderes de iglesias que estén leyendo este libro, por favor no suspire con alivio porque los demonios no se estén manifestando en su iglesia. Eso no es para que esté aliviado, ¡porque están allí! Estaban allí cuando Jesús predicó, y también están cuando usted predica.

> **Si usted está verdaderamente ungido, provocará a los demonios.**

Regresemos a la liberación de Eliza. Después de la última sesión con ella, cuando entré al templo, parecía que hubiese una nueva luz en ese lugar. La nueva vida engendra nueva luz. Prediqué sobre los dones del Espíritu. A medida que enseñaba al pueblo de Malasia cómo fluir en los dones de Dios, Eliza se sentaba más al borde de su asiento. Podía oír lo que yo estaba predicando, y escuchaba con entusiasmo, comiendo la Palabra de Dios. Antes de su liberación, se desplomó en su silla con angustia y tormento en su rostro.

¡El murciélago también se había ido! ¡La gloria de Dios estaba en ese lugar! Los oídos sordos fueron abiertos, a los demonios de epilepsia se los eximió de su tarea, pero en especial, ¡Eliza fue libre! Observé cómo le cambiaban los rasgos de lo que parecía un animal salvaje a una bella joven mujer. El temor de su rostro se convirtió en una paz que solo los que habían estado presentes podían entender. Salimos a cenar al final de la reunión, y para mi sorpresa,

Eliza estaba sentada como si no hubiera estado atada ni un día de su vida. Estaba teniendo una conversación normal con mi equipo y conmigo y su rostro estaba iluminado con Jesús.

Dijo que las imágenes de criaturas que siempre tenía en su mente y que la atormentaban se habían ido. La presión constante en su rostro y las migrañas habían cesado por primera vez desde que llegó a Cristo. Eliza ya no estaba bajo el cautiverio del espíritu del vampiro. Le dije que se plantara sobre la Escritura de que a su amado dará Dios el sueño (Salmos 127:2). Eliza todavía tenía mucha ministración por delante, y se debía llevar a cabo mucha sanidad interior. El trauma de las experiencias demoníacas que ella había experimentado es uno de los casos más profundos que jamás he tratado.

Al final del viaje entendí mejor a qué se refería Dios cuando me dijo que liberara a sus siervas. A pesar de que había muchas mujeres cautivas, creo que Dios me envió a Malasia especialmente por Eliza. Debo aclarar una cosa: La iglesia de Malasia había estado ministrando a esta mujer durante treinta meses. Tenían que vivir con ella a diario y lidiar con toda la actividad demoníaca que la acompañaba. No pretendo de ninguna forma adjudicarme el mérito por la ministración a Eliza. La tierra ya estaba labrada cuando nosotros llegamos.

Aplaudo al pastor de esta congregación por sus grandes esfuerzos para extender el ministerio de liberación a un alma en semejante necesidad. Muchos pastores hubieran derivado a esta joven a una institución mental. Dios nos usó a mí y a mi equipo de Spoken Word Ministries para regar la semilla que ya había sido plantada. Estoy tan feliz de que Dios haya dado el crecimiento.

Ahora Eliza se sienta como el hombre de los sepulcros en la Biblia: ¡vestida y en su sano juicio! Estoy segura de que los profetas de Tailandia se están cortando porque han sido avergonzados abiertamente otra vez. ¡Bendito sea el nombre del Señor!

Dios está levantando una generación que busque su rostro incondicionalmente. Sus manos y sus corazones estarán libres de ídolos, y las consecuencias de esto serán bendiciones. Jesús es galardonador de los que lo buscan diligentemente.

> Pero sin fe es imposible agradar a Dios; porque es
> necesario que el que se acerca a Dios crea que le hay,
> y que es galardonador de los que le buscan.
> —HEBREOS 11:6

Es un honor para mí compartir otro testimonio de demonios cazados desde las lejanas junglas de Malasia. ¡A Dios sea la gloria, el honor y la alabanza!

Capítulo 6

LA PROSPERIDAD
DE LA POSTERIDAD

EL DIABLO VIENE PARA ROBAR, MATAR Y DESTRUIR. Al mirar hacia atrás, reconozco todo lo que el enemigo manifestó en mi vida para obstaculizar mi propósito en Cristo. Aunque yo era de Dios, el enemigo debe de haber visto algo en mi vida para luchar contra mí de la manera en que lo hizo. A medida que crecí en el conocimiento del Señor y fui soportando los ataques del enemigo, me resultó fácil llegar a la conclusión de que el enemigo no es muy inteligente. No es creativo, porque él no es el creador. Opera siempre con los mismos patrones.

Si estudiásemos al enemigo como él nos estudia a nosotros, tendríamos una mejor idea de su *vendetta* personal contra nosotros. Sé que muchos creyentes dicen que no necesitamos prestar atención alguna al diablo mientras tengamos a Jesús. La verdad es que Dios nos ha dado poder sobre el enemigo. Ese poder es autoridad delegada. Al considerar la palabra delegar, vienen a mi mente otras dos palabras: *representante* y *responsabilidad*. No solo somos llamados a representar a Jesús en el mundo terrenal, sino que también tenemos una responsabilidad hacia Él.

La responsabilidad tiene dos ingredientes muy importantes:

❋ La carga: el deber o llevar un peso.

❋ La responsabilidad: responder ante alguien o ser capaz de rendir cuentas.

Somos administradores para el Señor. La Biblia declara que un día tendremos que darle cuenta a Dios de cómo cumplimos nuestras responsabilidades. El trabajo del enemigo es robar las cosas que Dios nos ha dado a nosotros para hacer. Recuerde: El diablo viene para robar, matar y destruir. Esta es su tarea. Si no hiciera esas cosas, no sería el diablo. Su esencia es el robo, la muerte y la destrucción.

El enemigo quiere distraernos con el lamento del "¿Por qué a mí"? Vienen cosas contra usted porque Dios lo ha escogido. ¡El diablo fue despedido, y usted ha sido contratado para tomar su lugar! Uno de mis versículos favoritos ha sido siempre Proverbios 6:31. Dice que si usted sorprende a un ladrón, él pagará siete veces, puede hacer que devuelva siete veces lo que ha robado. Cuando llegué al Cuerpo de Cristo, experimenté una gran compensación en mi vida.

> **El trabajo del enemigo es robar las cosas que Dios nos ha dado a nosotros para hacer.**

Aún hoy, muchos años después de mi conversión, disfruto de un resarcimiento que jamás hubiera imaginado.

Siempre he notado un patrón que el enemigo establece en la vida de las personas por medio de las maldiciones generacionales. Soy testigo viviente de que las bendiciones generacionales son mayores. Las maldiciones de los padres nos siguen hasta la tercera o cuarta generación. La misma escritura revela que millares recibirán misericordia de esta maldición. El requerimiento para recibir esta misericordia es arrepentirse y obedecer los mandamientos de Dios.

> No te inclinarás a ellas, ni las honrarás; porque yo soy Jehová tu Dios, fuerte, celoso, que visito la maldad de los padres sobre los hijos hasta la tercera y cuarta generación de los que me aborrecen, y hago misericordia a millares, a los que me aman y guardan mis mandamientos.
>
> —ÉXODO 20:5–6

Acepté a Jesucristo en mi vida cuando tenía veintisiete años. Para ese entonces ya había vivido la vida de una mujer de cincuenta años. Crecí demasiado rápido y siempre iba adelante del grupo de mi edad. Me impactó bastante tomar conciencia de que los pecados que había cometido afectaban a mis hijos. Había vivido una vida tan turbulenta. Ciertamente, si las cosas que yo había hecho traían maldiciones para mi simiente, mis hijos estaban en

> **Las maldiciones de los padres nos siguen hasta la tercera o cuarta generación.**

problemas. Fue reconfortante saber que no era demasiado tarde.

Mi hijo, Michael, fue el único que di a luz mientras todavía estaba en el mundo. Todos mis otros hijos nacieron bajo la cobertura de una poderosa intercesión con un estilo de vida santo que los respaldaba. Me doy cuenta de que el diablo tiene una misión contra todos nuestros hijos. Cuando la mujer iba a dar a luz en el libro de Apocalipsis, el dragón se paró frente a ella para devorar a su hijo tan pronto como naciese (vea Apocalipsis 12).

Michael parecía un niño tranquilo. Yo era una persona con una mente muy carnal, así que para mí era el niño perfecto. No tenía disciplina ni parámetros en mi vida. Como familia hacíamos lo que bien nos parecía. Era una madre soltera y estaba en el Ejército cuando tomé la responsabilidad de criar a mi propio hijo. Lo primero que le abrió la puerta al diablo en la vida de mi hijo fue que no vivió conmigo durante cinco de sus primeros años de vida. Michael vivió con sus abuelos paternos desde los dos hasta los siete años. Lo di a luz cuando tenía dieciocho años, y la primera noche, cuando lo saqué del hospital, durmió en la cama con su abuela.

> **El diablo tiene una misión contra todos nuestros hijos.**

En ese momento creí que sería una buena idea porque yo era joven, y solo quería descansar y recuperarme. Pero perdí la oportunidad de establecer el vínculo que se debería haber producido entre nosotros. Para empeorar las cosas, yo era una malhablada y tenía una concepción muy distorsionada de lo que era la vida en familia. Mi madre me maldecía (en amor), así que yo hacía lo mismo con Mike. En mi casa los adultos nos llamábamos unos a otros, como si nada, diciendo cosas como: "Dame un beso, pequeño #*@#". Era la mejor manera que conocían de mostrar amor y la mejor manera que nosotros conocíamos de recibirlo. Recuerdo haberme sentado a mirar comediantes no aptos para menores como Dolemite, Richard Pryor y Redd Foxx con mi hijo, mientras reíamos y comíamos palomitas de maíz. Estos hombres explotaban a las mujeres con el lenguaje más vulgar que se pueda imaginar.

También estaba obsesionada con la música mundana y con ir a bailar. Esas eran las prioridades en mi vida, y mi hijo tenía que adecuarse a ese programa. Amaba a mi hijo, pero solo podía amarlo hasta donde el amor era una realidad para mí. En mi entorno nunca me abrazaron, ni me besaron, ni me dijeron "te amo".

> Las maldiciones generacionales de nuestros lazos sanguíneos son enemigas de nuestra posteridad.

No solo eso no sucedía en mi casa, sino que nunca lo presencié en las casas de muchos de mis amigos.

Ahora que soy salva y estoy llena del Espíritu de Dios, me doy cuenta de que una persona no puede dar lo que no tiene. Es importante que les impartamos a nuestros hijos una posteridad piadosa de manera que esta sea soltada sobre las generaciones futuras. Las maldiciones generacionales de nuestros lazos sanguíneos son enemigas de nuestra posteridad. Sabemos que el hombre justo deja una herencia a sus hijos.

> El bueno dejará herederos a los hijos de sus hijos;
> pero la riqueza del pecador está guardada para el
> justo.
>
> —PROVERBIOS 13:22

La herencia que le dejemos a nuestra simiente es mucho más profunda que un seguro de vida, casas o tierra. Las bendiciones de Dios—físicas, materiales, financieras y espirituales—deben ser resguardadas para nuestros hijos y para los hijos de sus hijos.

Nuestra mentalidad no debe estar puesta en el éxito en esta vida. Después de esta vida deberíamos ser capaces de ser un testimonio de la plenitud de nuestra posteridad En otra sección de este libro hablé de la caída de José. Egipto cambió el corazón de José hacia Dios porque participó de la porción de faraón. Daniel gobernó en Babilonia, pero no participó de la porción del rey, y la Biblia dice que su rostro estaba más robusto que el de los otros muchachos que comían la porción de la comida del rey (Daniel 1:15).

> **Las bendiciones de Dios deben ser resguardadas para nuestros hijos y para los hijos de sus hijos.**

El rostro de José cambió. Se interesó en las artes de Egipto y se salió del camino. Eso no es en absoluto para desacreditar el ministerio de José. Pero creo que la Biblia dice toda la verdad, y nosotros no deberíamos tomar solo las partes que hacen que nuestra carne se sienta bien. Las personas necesitan conocer los éxitos y caídas de los hombres y mujeres de Dios. Si pintamos un cuadro en que todo va a estar bien y en el buen camino, solo desilusionaríamos a muchos.

Las personas que cayeron necesitan saber que no están solas. Necesitan saber que pueden volver a levantarse. Creo que Dios permitió que toda la historia de José esté en la Biblia para enseñar una lección: Todos nos quedamos cortos en alcanzar la gloria.

Proverbios 24:16 dice que siete veces cae el justo, y vuelve a levantarse. Lo principal es que José era un hombre recto que cayó. Hay muchos más como él a través de la Biblia. Cuando José dijo: "Haréis llevar de aquí mis huesos", fue una señal de que había vuelto al camino de Dios. En el testimonio de José a sus hermanos, él claramente testificó su verdadera misión en Egipto. Era un tiempo de gran hambruna en la tierra durante su gobierno. Si miráramos esta situación desde un punto de vista natural, podríamos pensar que la preocupación de Dios era sobre todo la prosperidad de su pueblo. Hablando espiritualmente, lo que a Dios le preocupaba era la posteridad.

Génesis 45:7–8 dice: "Y Dios me envió delante de vosotros, *para preservaros posteridad sobre la tierra*, y para daros vida por medio de gran liberación. Así, pues, no me enviasteis acá vosotros, sino Dios, que me ha puesto por padre de Faraón y por señor

> La mayoría de la gente cree solo en cumplir la visión de Dios en su tiempo en la tierra.

de toda su casa, y por gobernador en toda la tierra de Egipto"
(énfasis añadido).

Dios envió a José a Egipto para preservar la posteridad
de su linaje en la tierra. La mayoría de la gente solo cree en
cumplir la visión de Dios en su tiempo en la tierra. La visión
de David fue edificar una casa a Dios, pero Él le dijo que
no le permitiría cumplir era visión porque había derramado
demasiada sangre. El Señor dijo que usaría a Salomón, que
sería un hombre de paz, para completar la visión. Dios usó
la simiente de David para continuar su posteridad.

> Tu hijo Salomón reinará después de mí, y él se sen-
> tará en mi trono en lugar mío; que así lo haré hoy.
>
> —1 REYES 1:30

Uno planta, otro riega, pero es Dios el que da el crecimiento. La vida de un hombre no es lo suficientemente larga
como para cumplir toda la visión. Es por eso que Dios nos
dice que seamos fructíferos y nos multipliquemos. Nuestra
simiente está llamada a llevar la carga de la visión de Dios. No
es tan difícil como el diablo trata de hacerlo parecer. La carga
de Jesús es ligera y su yugo es liviano. Nuestros hijos solo
tienen que estar bien ubicados espi-
ritualmente para andar en sus
promesas. Michael es el hijo
que nació fuera del matrimonio, pero Dios siempre
me recuerda que él es el hijo
de la promesa. Dios no ama
a uno de mis hijos más que
a otro, pero no todos tienen el
mismo llamado para sus vidas.

> **La vida del hombre no es lo suficientemente larga como para cumplir toda la visión.**

Cuando pienso en la vida que Michael ha tenido (nosotros lo llamamos Mike Mike), entiendo por qué Dios se refirió a él como el hijo de la promesa. Es el que el diablo siempre está tratando de matar. Es el que siempre ha estado en problemas. Es el que el diablo siempre me ha restregado en la cara. La mayoría de las familias cristianas tiene un hijo de la promesa. La palabra los llama la "oveja negra" de la familia. Nosotros deberíamos comenzar a llamar a esos hijos e hijas nuestros milagrosos hijos de la promesa. No deberíamos ser tan ciegos como para no reconocer el hecho de que donde abunda el pecado, ¡sobreabunda la gracia! Cuanto más mal suelte el diablo sobre sus hijos, más gracia soltará el Espíritu Santo sobre eso.

No fue hasta que salí del reino de las tinieblas que me di cuenta de que mi hijo no estaba muy encariñado conmigo. Cuando me paré sobre la luz maravillosa, me di cuenta de cuánto tenía que hacer Dios en mí. Cuando usted vive en la oscuridad, el dios de este mundo enceguece su mente. Pero cuando llega a la luz admirable, se da cuenta del engaño en el que ha estado. Yo creía que mi hijo estaba feliz con la nueva conversión. Mi visión era rendirle todo a Él y servir a Jesús con todo mi corazón. Mike entendió la realidad del diablo desde muy chiquito. El enemigo lo atormentaba tanto a medianoche que tuve que dormir en la cama con él hasta que tuvo trece años.

Mike aceptó a Jesús en su corazón. Él definitivamente no

> ¡Donde abunda el pecado, sobreabunda la gracia!

quería seguir siendo un pagano. Tenía temor de Dios y respetaba al Espíritu Santo. Lo que yo no entendía era que aunque él no hubiera sido el que fumara cocaína ni se prostituyera, las maldiciones con las que yo había luchado reposaban sobre su cabeza. Mike y yo no teníamos el tipo de relación que le permitiera compartirme sus pensamientos y luchas. Yo creía que sí lo hacíamos porque pasábamos mucho tiempo juntos, pero hoy me doy cuenta de que estar juntos no solidifica una relación.

> **Cuando estamos distraídos con otras cosas de la vida y no les damos a nuestros hijos la atención que necesitan, el diablo les da su atención.**

No es la cantidad de tiempo que pasan juntos lo que cuenta, sino qué hacen cuando están juntos. Necesitamos pasar tiempo de calidad con nuestros hijos. Esto abrirá vías de comunicación con ellos, y podremos hablar a sus vidas más poderosamente que el diablo. Cuando estamos distraídos con otras cosas de la vida y no les damos a nuestros hijos la atención que necesitan, el diablo les da su atención. Hoy me doy cuenta de que las cosas que eran importantes para Michael para mí no lo eran. Yo estaba tan distraída que creía que a él le entusiasmaba todo lo que a mí me entusiasmaba.

Fui salva y liberada de la vida en la calle, pero había muchos principios de vida básicos que no lograba captar. En mi relación con mi hijo me sentía como si estuviera boxeando con un enemigo que no lograba ver. Pensaba que seguro él vería alguna diferencia en mí y que también querría cambiar. Establecimos un estándar en casa y vivíamos de acuerdo a él. Pero era fuera de casa donde el diablo hacía estragos en la vida de mi hijo. Para cuando llegó a la adolescencia, Mike estaba tan rebelde que empezó a pasar la noche frecuentemente con sus amigos a la vuelta de la esquina de casa.

El Señor comenzó a darnos a mi esposo, a mí y a otros miembros de la iglesia, visiones sobre la rebeldía de Michael. En mis oraciones comenzaron a sonar alarmas sobre su alma. Dios me dio instrucciones para mantener un estándar en mi casa. Al principio no tenía detalles sobre lo que él realmente hacía pero sabía que, fuera lo que fuese, no podría hacerlo en mi casa. Muchos santos cometen el error de permitir que sus hijos se enreden con música mundana y otras anteojeras mentales que Satanás usa contra nuestra simiente. Esta escritura se grabó en mi mente: "Pero yo y mi casa serviremos a Jehová" (Josué 24:15).

Las manifestaciones del cautiverio de Mike empezaron a volverse predominantes a medida que pasaba el tiempo. Este era uno de los mayores desórdenes que tenía en mi vida salva, y clamaba por un milagro de parte de Dios. Todo el que me conocía personalmente sabía que mi hijo mayor iba camino a la destrucción. Comencé a tener visiones de él en ataúdes, y Dios empezó a mostrarme con qué me estaba enfrentando. Dios no siempre nos muestra lo bueno; a veces nos revelará lo que el diablo está tratando de hacer.

No oré para pedirle a Dios que perdonara su vida. ¡No era Dios el que estaba tratando de matarlo! Comencé a

> **Dios me dio instrucciones para mantener un estándar en mi casa.**

hacer guerra contra el espíritu de muerte. Personalmente tomé autoridad sobre el mismísimo Ángel de la muerte y le prohibí que tomara la vida de mi hijo. En la peor etapa de la rebelión de Mike, el hijo de una de mi mejores amigas fue asesinado en una transacción de drogas. El hijo de su mejor amiga había sido asesinado en las calles unos meses antes. El nombre de mi amiga era Charlotte, y su hijo tenía tres hermosos bebés.

Un joven que era un estrecho colaborador de su hijo se convirtió en padrino de esos niños como parte de su promesa de velar por los hijos de su amigo. Entregó su vida al Señor en el funeral del hijo de Charlotte. Aunque vino al altar, él no se apartó del estilo de vida que estaba llevando. Menos de un año después del funeral del hijo de Charlotte, el cuerpo de este joven yacía en un ataúd en su propio funeral.

Él pasaba su tiempo en Uptown (hablé de esto en mi libro *Against All Odds* [Contra viento y marea]) en una sala de billar a unas pocas calles de donde mi hermano y mi abuelo fueron asesinados antes de que yo fuera salva. A este joven le dijeron que se acostara en el suelo durante el robo. Los asaltantes le advirtieron que no levantara la cabeza. Él la levantó, y ellos se la volaron con un arma de alto calibre.

El espíritu de muerte parecía haberse apoderado de las comunidades negras de Jacksonville, Florida. Lo más difícil para mí era mirar a los ojos a esas madres salvas que habían perdido a sus hijos en crueles asesinatos en las calles. Todas esas mujeres creían que Dios libraría a sus hijos del sistema mundano de las calles. Sé de hecho que Charlotte es una de las mujeres de más oración y ayuno que conozco. El fruto de su estilo de vida respalda cada palabra de sus oraciones. ¿Tengo una explicación de por qué sucedió aquello? No, ¡y no creo que alguien la tenga! A la gente buena le suceden cosas malas. Yo sí sé que la Palabra nos dice que tengamos fe en Dios. Debemos andar por fe y no por vista.

Hubo ocasiones en que he clamado al Señor porque las cosas no estaban andando bien. Él me reprendió firmemente y me dijo que me levantara y anduviera por fe. Con jóvenes muriendo a mí alrededor, no tuve más opción que moverme a otro nivel en fe. Lo que más me bendijo fue que Charlotte se sacudió y empezó a orar por mi hijo. Me dijo que el diablo le había robado a su hijo, y que pelearía por el mío. Ese es el amor ágape de Cristo. Ella no se enojó con Dios porque le pasó a su hijo y no al mío. Mientras ella enfrentaba el mayor desafío que probablemente tuviera en toda su vida, permitió que Dios la usara para llevarla al siguiente nivel.

Cuando su hijo murió, ella no estaba guerreando de la manera en que lo hace ahora. En la actualidad es una de las intercesoras de guerra espiritual más dedicadas que conozco. Es una cazademonios y un gran valor para el Cuerpo de Cristo. Dios la fortaleció para que soportara esa prueba.

Mike empezó a ponerse cada vez más atrevido con sus actividades. Cuanto más audaces eran los demonios que había dentro de él, con mayor atrevimiento yo permitía que el Espíritu Santo obrara en mí. Una vez yo estaba imponiendo las manos sobre su cama a eso de las 3 de la madrugada. Estaba reprendiendo a los espíritus de las calles y tomando autoridad sobre las maldiciones generacionales que se soltaron por mi pasado hacia su presente. Mike atravesó la puerta esa noche y casi huyó de mi presencia. La unción en mí era tan fuerte que empecé a profetizar sobre lo que él había estado haciendo esa noche y que a Dios no le agradaba.

Él entró con temor a su habitación y se fue a dormir. Unos días más tarde vino a mí y me contó que había probado marihuana y le había gustado. Aunque esto puede haber sido una tragedia para muchas madres, yo lo consideré un avance. Sabía con qué estaba tratando. Mike se estaba juntando con un grupo de muchachos que estaban bajo el cautiverio de los espíritus de rastafari o del reggae. Estos son los frutos de ese espíritu:

❀ Cabello con rastas

❀ Autos con sistemas de sonido estruendosos y llantas caras

❀ Música demoníaca y chillona

❀ Fuerte uso de la marihuana

❀ Joyas que llaman la atención y la boca llena de dientes de oro (con colmillos de vampiro)

❀ El espíritu de Mamón y el deseo de obtener más dinero por todo medio posible

Llamé a los padres de uno de los jóvenes con los que sabía que Mike se juntaba. Ellos eran salvos, nos encontramos y les expliqué lo que estaba pasando con nuestros hijos. Nos postramos y clamamos a Dios a favor de nuestros hijos. Hicimos las oraciones de mi manual de guerra espiritual y estuvimos de acuerdo en movernos en fe.

Dios comenzó a darme palabras específicas respecto a mi hijo en sueños y visiones. Jamás olvidaré este sueño: Yo estaba caminando hacia el club en el que conocí al padre de Michael. Se llamaba "The Mark V" en esa época. Mientras yo atravesaba la puerta, alguien cortó un mechón de cabello de mi cabeza.

Llamé a algunos de los intercesores de mi iglesia que habían salido de la brujería, y me dijeron que el brujo que les había enseñado hechicería era el dueño de ese club. También me dijeron que era un club rastafari. Unas semanas después unas amigas me dijeron que habían visto que Mike concurría a ese mismo club. No creo que haya sido casualidad que el padre de Mike vendiera drogas en esa misma esquina cuando era jovencito.

Las piezas se iban acomodando. El año anterior a que todo esto comenzara a pasar, yo atravesé un conflicto espiritual con un grupo de hechiceros rastafari, y los avergonzamos públicamente. Ellos telefoneaban a mi casa y cantaban en el teléfono. Estaban en contacto directo con este club. Dios me mostró que mi hijo había comprado marihuana atada con brujería a este grupo de rastafaris. No son traficantes de drogas comunes. Oran a ciertos dioses para incrementar el poder y las ventas de sus drogas en las vidas de sus consumidores. Embrujan a los compradores para que crean que no hay otra sustancia como la de ellos. Los espíritus honran sus sacrificios, y otro nivel de unción demoníaca cae sobre las drogas.

Mi hijo comenzó a verse y a actuar como los enemigos a los que me había enfrentado durante tantos años. Se rebeló por completo contra mí y mi esposo. El diablo le hizo creer que nosotros éramos sus peores enemigos. Mi oración fue a otro nivel y comencé a pedirle a Dios que no permitiera que mi hijo estuviera cómodo en ese estado. La gracia de Dios se extendió hacia mi familia. Mike estaba al menos en una posición en la que nos podía oír. Luego de mucha lucha finalmente estábamos logrando un avance.

En el tiempo en que parecía que el diablo estaba ganando la batalla, comencé a recibir más y más visiones de parte de Dios. Me tomé de las palabras proféticas que se habían dicho sobre Mike, y declaré que Dios no era hombre para mentir. Creí las palabras de los profetas. Jamás olvidaré una palabra profética que Mike recibió cuando tenía unos ocho años. Él estaba en un servicio de iglesia en Alemania jugando en la parte de atrás durante el sermón. La profeta hizo que él y otro jovencito se pusieran de pie en medio de su mensaje. Cuando todos pensamos que los iban a reprender, ella profetizó.

La palabra para Mike fue que sería un jugador de fútbol profesional y que le iría muy bien en eso. Unos años más tarde, el pastor Sirretta, que ministra conmigo en Spoken Word, soñó que Mike tenía una beca para Florida State University y que iba a jugar a la NFL (Liga Nacional de Fútbol por su sigla en inglés). El atletismo siempre ha sido lo mío, y cuando fui salva Dios me ordenó que me apartara de la pista de carreras y del campo en la cima de mi carrera. Me prometió que mi simiente seguiría con lo que yo había dejado. Mientras el estado del alma de mi hijo parecía empeorar, Dios me daba un sueño impactante.

> Dios está detrás del telón manejando todo, y Él tiene la última palabra.

Vi un escorpión debajo de la alfombra. Fui la única que lo vio correr hacia abajo de la alfombra. La gente caminaba sobre ella con actitudes lánguidas. Mientras la miraba, la alfombra empezó a crecer y a hacerse más y más grande.

Creció como si fuera una montaña a punto de estallar. Pensé: "¿Cuán grande será este escorpión cuando se deje ver?". Me quedé allí, de pie, temblando ante lo que pensé que era el enemigo más grande que jamás había enfrentado, la alfombra sobrenaturalmente volvió a quedar plana. No era un escorpión lo que había visto ni mucho menos. Fue la mano de Dios. La mano de Dios era tan grande, y supe que era de Dios porque estaba llena de luz. Dios tenía un pequeño escorpión en su mano y lo arrojó lejos de mí.

Dios me alentó con este sueño. Me mostró que el diablo era el dios del engaño y la exageración. Dios me mostró que Él toma lo que el diablo quiere hacer para dañar y lo invierte. El diablo quizás comience cosas, como el escorpión que se escondió debajo de la alfombra. Pero cuando ya parece que el diablo se va a salir con la suya, Dios está detrás del telón manejando todo, y Él tiene la última palabra. El diablo será un imitador, pero Dios es el Creador. El diablo es un instigador, ¡empieza cosas! Es importante que usted siempre recuerde que Dios es el Creador de todo lo que el diablo haya comenzado. Nunca olvidaré ese pequeño escorpión en la poderosa mano de Dios. A nuestra vista los ataques del enemigo parecen enormes, pero cuando colocamos los problemas en las manos de Dios, se convierten en una partícula de polvo. ¡Aleluya!

Comencé a tener pequeños logros con Michael. Empezaron cuando comencé a pasar más tiempo en casa. Se veía terrible. El cabello le sobresalía de toda la cabeza. Tenía un diente postizo dorado de vampiro y usaba la ropa de adentro hacia fuera. Necesitaba poner todo de mí para mirar más allá de lo que veía. El diablo había convertido a mi hijo en todo aquello contra lo que yo siempre había orado. Estoy segura de que mis enemigos se reirían de mí, pero tenía la seguridad de que Dios reiría el último. Mi hijo siempre había sido deportista, pero la maldición de "casi" gobernaba su mente. Es la misma maldición que me acosó en mi juventud. El diablo no me dejaba ir muy lejos. Si no era un tirón muscular el que me retenía, era un novio loco que se interponía en mi camino.

Michael estaba a punto de graduarse del secundario sin ninguna esperanza de obtener una beca. Él había depositado su confianza en un entrenador que no tenía las mejores intenciones en su corazón. Intenté que Mike fuera a la escuela secundaria a la que yo había ido porque sabía que los entrenadores de allí lo cuidarían. Una vez más, ¡Michael se rebeló! Por la gracia de Dios logré hacerlo entrar en la Universidad Grambling con una beca, con el entrenador Eddie Robinson, que es una leyenda del fútbol universitario. Le envié por correo videos de Michael y le gustó lo que vio. Los entrenadores del secundario de Michael no celebraban sus logros y empeoraban las cosas cuando le decían que él jamás podría llegar a nada en el fútbol. Decían que no era suficientemente bueno.

Pero yo tenía un ojo puesto en lo natural y el otro en el espíritu. ¡Michael tenía lo necesario! Solo debía convencerlo de que superara todos los comentarios negativos que había escuchado de quienes no podían tener la visión. El deseo del corazón de Michael era jugar en la NFL, pero sus probabilidades desde el punto de vista natural parecían muy lejanas. Las notas de Michael en la escuela secundaria eran tan malas que tuvo que entrar a Grambling con el programa Prop 40, un plan para ayudar a los jóvenes a entrar a la universidad que les da la oportunidad de aumentar su promedio académico.

Michael mantuvo un promedio de 3.0 ese año en

Grambling. Todo iba bien hasta que entró un nuevo cuerpo técnico que no conocía a Mike y no prometió nada en cuanto a una beca. Cuando el nuevo entrenador me dijo que Mike tenía una posibilidad muy escasa de lograr una beca bajo su liderazgo, le respondí que llevaría a mi hijo a Florida State University. El entrenador dijo que eso era una locura. Que Florida State ni miraría a mi hijo. El Señor me dijo que llevara a Mike a casa por un año. Lo matriculé en una universidad local y lo llevé a la misma pista de entrenamiento en la misma línea que yo había usado cuando estudiaba en Mount Hood Community College veinte años atrás.

Le pregunté al entrenador si le daría una beca a mi hijo si les ganaba a todos sus atletas en las carreras. ¿Quién podría rechazar semejante oferta? Mike obtuvo una beca completa por un año. Luego fui guiada a contactar al jefe de entrenadores de carreras de Florida State University. Observaron a Michael en la universidad y notaron el potencial que tenía. La transición del fútbol a las carreras no le resultó fácil. Solo había tenido un año de experiencia en carreras en la secundaria. Entró al equipo de atletismo una semana antes de los torneos regionales y calificó para el campeonato estatal. Sin entrenamiento, terminó tercero en la carrera de 400 metros en todo el estado de la Florida. Esto era impresionante, pero no alcanzaba para que compitiera a nivel del NCAA.

Los entrenadores finalmente me dijeron que si Mike podía completar veintiséis horas de crédito en un semestre y graduarse del primer ciclo universitario, le darían la oportunidad de una beca. Con la ayuda de un buen amigo de la familia, Michael completó todas las materias con el mejor promedio académico jamás registrado en esa universidad por esa cantidad de horas de crédito. Le agradezco a Dios por el Sr. Charles. Él ayudó a Michael con sus necesidades administrativas y académicas. Sin él hubiera sido prácticamente imposible. Sé que Dios nos lo envió para un momento como ese. Michael fue aceptado en Florida State University con una beca parcial y pronto se convirtió en el segundo corredor de cuarto de milla más rápido de la universidad. El único más veloz fue el gran corredor olímpico Walter McCoy.

Los entrenadores le dijeron a Mike que si corría en menos de 46.0 el cuarto de milla le darían una beca. Michael logró esa meta y entonces le dijeron que le darían una beca completa si calificaba para el campeonato NCAA. Michael calificó para el campeonato NCAA, pero su éxito se interrumpió abruptamente. Aunque exteriormente Michael parecía estar prosperando, las maldiciones generacionales de nuestro linaje acosaban su ser interior. Yo no sabía que él seguía fumando marihuana, y tenía tantas multas por alta velocidad que el departamento de policía lo conocía por su nombre de pila.

Michael ignoraba las reglas. Provocaba a la policía con su apariencia y con la música a todo volumen. No tenía ningún respeto por la ley, y esa falta de respeto hacia la autoridad pronto lo llevó a quedar atrapado. Mis intercesores estaban teniendo sueños y visiones de Michael metiéndose en problemas. Mi esposo y yo teníamos alarmas en nuestros espíritus de que algo estaba a punto de salir mal. Finalmente, la realidad me golpeó en la cara cuando recibí una llamada telefónica de que Michael estaba en la cárcel. Pagamos la fianza y lo sacamos, y para el momento en que pagué la primera fianza, lo habían arrestado ya varias veces. Había estado tantas veces en la cárcel que los otros detenidos de los condados de Duval y Leon lo conocían bien. Un día Michael me llamó desde la cárcel y me dijo que sentía que se estaba acostumbrando a estar encerrado. De alguna forma, Mike nunca perdió clases y siempre hizo los entrenamientos en la pista.

Mi hijo iba camino al desastre, así que comencé a cambiar la manera de orar por él. Le pedí a Dios que quitara la gracia que estaba sobre Mike pero que guardara su vida. Yo tenía un ministerio carcelario muy eficaz, pero no estaba dispuesta a permitir que el diablo me ganara con mi hijo. Cuando fue a casa de visita durante las vacaciones de Navidad, Michael fue arrestado por perturbar la paz con el sistema de parlantes de su auto. Mi hijo no robaba, no mataba ni vendía drogas. Cruzaba luces rojas, andaba a alta velocidad y escuchaba música muy fuerte en público. Era un espíritu "travieso". Supe que la misión no era contra Michael sino contra mí. Él se convirtió en todo aquello contra lo cual yo predicaba.

Cuando Michael fue arrestado en mi ciudad, fue más de lo que yo podía soportar. El Señor me permitió visitarlo con un pase especial a medianoche. Entré a la habitación privada para visitas orando y profetizando. Él estaba allí sentado con su cabello con rastas todo desordenado, como si hubiera puesto los dedos en un enchufe. Sus dientes brillaban con una corona de oro y diamante en su boca. Le ordené que se quitara ese diente postizo dorado de la boca. Le di un ultimátum: ¡el diente o la fianza! Mi corazón se debilitó cuando vi la atadura en sus ojos que me mostraban que su alma estaba puesta en ese objeto. Se negó a quitárselo de la boca. Escogió quedarse en la cárcel antes que dejar ese diente dorado de vampiro.

Cuando me iba, finalmente me dio el diente. Necesitó todas sus fuerzas para hacerlo. Para cuando Michael regresó a la universidad, tenía otra orden de detención en ese condado por una violación de tránsito. Se tenía que entregar. Traté de pagar la fianza, pero las cosas habían cambiado. Michael ahora estaba listado como reincidente y enfrentaba cargos por delitos graves. Me vi obligada a buscar un abogado. Mi corazón casi se derrumba cuando me dijeron que le ofrecían una sentencia de un mínimo de cinco años. La expresión del rostro de Michael era más seria esta vez. Esto ya no era una moda pasajera. Estaba a punto de convertirse en un criminal convicto.

Todos me decían que él necesitaba aprender una lección, pero Dios no me estaba diciendo lo mismo. Me dijo que me pusiera en la brecha, y Él libraría a mi hijo y mantendría limpio su nombre. Nunca olvidaré la noche en que fui a la cita en la corte por Michael. Conduje durante dos horas por una autopista interestatal oscura la noche de Halloween. Parecía un tiempo muy diabólico. El enemigo trató de decirme que no pudo conseguirme cuando estaba en Tallahassee cursando en Florida State, pero que seguro obtendría a mi hijo.

¡Hice guerra esa noche! Al amanecer, estuve en la corte con una botella de aceite para ungir en mi cartera. Ungí mis manos y las plantas de mis pies. Impuse las manos en cada lugar que pude tocar. Reivindiqué la escritura de que todo lo que pisare la planta de mis pies sería mío.

> Yo os he entregado, como lo había dicho a Moisés,
> todo lugar que pisare la planta de vuestro pie.
> —Josué 1:3

¡A Dios sea la gloria! A Michael le dieron sesenta días de cárcel. El juez le permitió asistir a las prácticas de atletismo y a la universidad durante el día. Tenía que estar en la cárcel todos los días a las 6:30 p. m. No tenía auto porque le habían quitado su licencia. Todas las tardes se tenía que sentar en un banco fuera de la cárcel mientras esperaba que lo dejaran entrar. Solía llamarme para que orara por él antes de que lo encerraran. Lo soltaban a las cinco en punto cada mañana.

Aunque los resultados fueron una bendición del Señor, Mike todavía tenía muchos desafíos. Dormía junto a algunos criminales expertos y con problemas mentales. Tallahassee es conocido por tener un sistema carcelario duro en todos los aspectos de la palabra. Para el momento en que Michael se reportó para cumplir su condena, mi libro *Against All Odds* (Contra viento y marea) había sido distribuido por todo el predio. Dios me dio favor con los empleados, y permitieron gustosamente que los libros se distribuyeran entre la población. Michael a menudo se quejaba por las fuertes sirenas de los simulacros y los chequeos en medio de la noche. Él tenía que ir a la universidad al día siguiente como cualquier estudiante normal y volver a su celda para ser encerrado a la noche.

Michael salió diez días antes por buena conducta, pero lo más importante era que salió siendo un hombre nuevo. Michael se paró sobre la pista y corrió más rápido que nunca. Mike solo perdió una porción de su beca, pero todavía le permitían competir por la temporada. Se retrasó en sus calificaciones, pero el departamento de atletismo le prometió restaurar su estatus cuando volviera a la pista. ¡Y volver a la pista es exactamente lo que hizo! Michael mejoró sus hábitos de estudio y se concentró. La víspera de año nuevo después de su dilema, volvió a dedicar su vida a Cristo. Mientras daba a conocer mi CD *Devil, Boo I See You*, (Diablo, bu, te veo) tuvimos un masivo llamado al altar.

Mi hijo fue el primero en ir al altar. Dios me había llevado por todo ese desastre, ¡pero el milagro valió la pena!

Lo que trae gozo a mi corazón es ver cómo este lío nos acercó a Michael y a mí, mucho más que antes. ¡Si el príncipe de Tallahassee lo hubiese sabido! Michael había visto al Señor moverse poderosamente a su favor. Tuvo que estar en un lío para que el Señor pudiera mostrarle un milagro. ¡El Señor permitió que el enemigo viniera como un río para poder levantar los estándares de la vida de Mike! Dios hizo al herrero que sopla las ascuas en el fuego, y que saca la herramienta para su obra. Por lo tanto, ninguna arma forjada contra él prosperará.

Michael había perdido todas las esperanzas de jugar en la NFL. Yo constantemente le recordaba la profecía que le habían dado a los ocho años. Una mujer lo escogió entre una gran multitud y le dijo que él iba a ser un jugador de la NFL. A Michael siempre le gustó el fútbol, pero los obstáculos le habían impedido jugar. Le iba muy bien en el atletismo y sus entrenadores lo habían convencido de que el fútbol era un sueño imposible. En lo más profundo de mi ser, yo sabía que ese muchacho había sido hecho para jugar en la NFL para la gloria de Dios.

El Señor me permitió pastorear y ministrar a muchos jugadores de la NFL, y empecé a tener una gran carga en esa área. Nada se alineaba con las palabras que se habían dicho sobre la vida de Mike. Yo seguía diciéndole a la gente que mi hijo mayor iba a jugar en la NFL en 2002, su último año en Florida State University. Finalmente, tuvo el coraje de dejar el equipo de atletismo y rendir una prueba en el fútbol, pero sus notas eran un desastre.

Durante el tiempo en que Michael se entrenó con el equipo, sobresalió como un diamante en bruto. Se había plantando en su mente la semilla de que en verdad podría jugar al fútbol. Eso solo empeoró las cosas en la mente de Michael. Él sabía que podía jugar, pero debido a sus notas no tenía la oportunidad de probarse.

Le prediqué a Mike sermones personales. Le recordé la promesa que Dios me había hecho. Le dije que yo había abandonado mi carrera de atletismo por el evangelio, y Dios me prometió que mi simiente continuaría lo que yo había dejado. Le pregunté si él creía que tenía una oportunidad de obtener una beca en la misma universidad a la que yo había ido. Aunque Michael oyó mis palabras, los obstáculos que tenía adelante tenían una voz mucho más fuerte. Michael sinceramente comenzó a hacer esfuerzos hacia Dios, pero la presión de sus pares era demasiado grande.

Ardell y yo tenemos otro hijo más chico que fue a West Point. Le dieron una beca para jugar al fútbol en el mismo año en que Michael se iba a graduar. A nuestro hijo menor le dieron la oportunidad de viajar al juego entre la armada y la marina cuando era novato en el equipo. Ardell y yo llegamos al juego creyendo que el Espíritu Santo estaba a punto de lanzar una bomba. Los vehículos del servicio secreto exploraban las instalaciones. ¡Era el partido de fútbol más importante de la nación! No teníamos ni idea de ello. El presidente de los Estados Unidos lanzó la moneda. Habíamos orado con Ardell la noche anterior. Él le pidió a Dios que le permitiera jugar y que lograra ciertas yardas. Recuerdo haberlo corregido con severidad, diciéndole: "Que anote, muchacho. Estamos creyendo que Dios lo ayudará a anotar".

Unos minutos después de que comenzara el partido, Ardell había corrido en una anotación de sesenta yardas frente a una multitud de setenta mil personas. Los comentaristas pronunciaban su nombre una y otra vez. Esto era más de lo que la mente de Ardell podía manejar. Él estaba feliz tan solo con haber viajado en el avión con el equipo, y ahora su nombre sonaba por todo el estadio. El enemigo intentó bloquearlo con una lesión en el tobillo antes de que terminara la primera mitad del partido. El papá de Ardell y yo nos tocamos y estuvimos de acuerdo en que se recuperaría sobrenaturalmente y que le darían el premio al jugador más valioso de ese partido. ¡Dios se presentó y se fue! Como gritó el comentarista: "¡Es un milagro; Daniels está en el campo de nuevo!". Yo solo podía dar la gloria a Dios.

Mientras Ardell se sentaba detrás de la mesa en la conferencia de prensa, como el jugador novato más valioso del juego más grande de la nación, supe que todo el cielo estaba observando. Mientras tanto, Michael estaba mirando a Ardell en televisión nacional, y algo chisporroteó adentro de él. Mike Mike sabía que Ardell se había entregado a Jesús. El Espíritu del Señor vino sobre mí unas semanas más tarde, y le profeticé a mi hijo en la sala. El Señor le dijo: "Hijo, si te entregas a mí, yo me entregaré a ti. No solo te permitiré que entres en la NFL, sino que te haré el mejor en lo que hagas. Ríndete a mí, y serás conocido como el hombre más veloz del mundo".

Mientras le profetizaba a mi propio hijo, parecía como si él no oyera ni una palabra de lo que dije. Por fe, me fui y creí que ninguna palabra caería en tierra. Mi esposo y

> ¡Dios se presentó y se fue!

yo seguimos intercediendo por Mike, y le entregamos su situación al Señor.

Michael comenzó a esforzarse mucho académicamente.

El Señor le permitió especializarse en gestión deportiva, y uno de sus profesores era un reclutador para la NFL. Podría parecer que sería la vía para que Mike tuviera su gran oportunidad, pero eso hubiera sido demasiado fácil para Dios. ¡La mayoría de las veces Él lleva a su pueblo por el camino más largo! Michael, con su personalidad apática, jamás le mencionó al profesor que podía jugar al fútbol. Todos conocían a Mike como corredor de pista. No sabían que tenía unas manos capaces de agarrar una papa caliente.

Michael se probó para la NFL el día de prueba de profesionales en Florida State University. Corrió con algunos de los mejores receptores de toda la nación. Michael corrió cuarenta metros llanos en 4.30 en césped húmedo. No solo fue el mejor tiempo del campo, sino uno de los mejores tiempos de la NFL con buenas condiciones. La palabra del Señor que se había pronunciado sobre su vida se demoró, pero esta era una señal de que se cumpliría. Un par de equipos se mostraron interesados por Mike por el buen tiempo que había logrado, pero no hicieron un verdadero esfuerzo para contactarlo. El día de la convocatoria, Michael finalmente recibió una llamada telefónica. Era de un importante equipo de California. Lo invitaron verbalmente a una prueba de campo, pero nunca volvieron a llamar.

> **¡Dios es un maestro en convertir un desastre en un milagro!**

Michael parecía descorazonado. Seguí ministrando la palabra del Señor. Le llamé la atención sobre Isaías 49, que promete que no se avergonzarán los que esperan en Él. Le dije a Michael que meditara en esta escritura día y noche. Uno de los jugadores de la NFL a los que Dios me había llamado a pastorear llamó y me dijo que su esposa había soñado que Mike estaba firmando un contrato con la NFL. Cuánto aliento me dio ese testimonio en ese momento. La convocatoria había terminado, la concentración había comenzado y Mike estaba volviendo de la universidad a casa.

Iba camino a predicar mientras mi hijo llegaba con un título universitario en gestión deportiva. Le dije que no se preocupara por la ceremonia de graduación porque el Señor me había mostrado que recibiría una llamada que no le permitiría asistir. La semana en que se suponía que Mike debía marchar por los pasillos en la ceremonia de graduación de Florida State University, lo llamaron para que se reportara en el campo de entrenamiento Jerry Rice. Mi alma se regocijó al volar de vuelta a casa por un solo día para acompañarlo a tomar su avión a California. Después de un día de entrenamiento con el legendario Jerry Rice, a Michael lo invitaron a probarse con los Oakland Raiders y los San Francisco 49ers. El primer equipo que vio a Mike lo fichó para su primer contrato con la NFL el primer día de pruebas. ¿Qué equipo era? ¿De verdad necesita preguntar?

> **Mientras nuestras mentes se concentren en la posteridad de nuestra simiente, la prosperidad es inevitable.**

Dios había prometido que mi hijo seguiría lo que yo había dejado.

A Mike le habían dado un premio como mejor atleta en pista y campo en la Florida State para el año 2002. Firmó en California con los San Francisco 49ers. Yo había ido a la Florida State University y corrí para el ejército en San Francisco. Entrené en San José. Michael no solo juega en San Francisco y entrena en San José, sino que también entrena en la misma pista en que yo lo hice muchos años atrás. La maldición generacional se había roto, y Michael está en la senda de mi bendición generacional. No intente entenderlo. ¡Dios es un maestro en convertir un desastre en un milagro!

Al ir madurando en el Señor, he aprendido que nuestro principal foco no debe ser desarrollar una mentalidad de prosperidad. Mientras nuestras mentes se concentren en la posteridad de nuestra simiente, la prosperidad es inevitable. No solo se trata de nosotros y de nuestro entorno inmediato. Dios quiere que a lo largo de nuestra vida plantemos semillas que afecten a nuestra simiente por mil generaciones. Yo soy una testigo viviente; las bendiciones generacionales siempre superarán a las maldiciones.

Capítulo 7

TRATAR CON NUESTRAS RAÍCES

MIENTRAS ESTOY SENTADA EN MI CAMA, MI MENTE se quedó en el hecho de que Dios nos hizo de una forma tan asombrosa. Nos permitió tener una personalidad, una voluntad, e incluso nos da opciones en la vida. Me sorprende como Dios tiene tantos dones en el cuerpo. Somos individuos con llamamientos poderosos en nuestras vidas. Todos somos parte de un gran plan, pero tan distintos en la forma en que Dios nos ha hecho. Como pueblo de Dios, somos tan singulares en la manera en que Él nos usa.

Algunos ministerios ponen un fuerte énfasis en la guerra espiritual, llegando a las zonas marginales o enseñando administración financiera, con docenas más cumpliendo sus llamados en otras áreas. ¿A dónde voy con esta observación? Todo reino exitoso tiene un denominador común

Sin fe es imposible agradar a Dios.

en sus cimientos. Para el pueblo de Dios ese denominador común es la fe.

Sin fe es imposible agradar a Dios. A eso se refiere el perfeccionamiento de los santos de Efesios 4:12: traer a los santos a la madurez a medida que avanzamos hacia la unidad de la fe. La fortaleza de cualquier sistema de creencias es la capacidad de los creyentes de ese sistema para estar en unanimidad. La Biblia dice que un reino dividido contra sí mismo no puede permanecer.

> Si un reino está dividido contra sí mismo, tal reino no puede permanecer.
> —MARCOS 3:24

La Palabra del Señor también declara que uno puede poner en fuga a un millar; y dos, a diez mil.

> ¿Cómo podría perseguir uno a mil, y dos hacer huir a diez mil, si su Roca no los hubiese vendido, y Jehová no los hubiera entregado?
> —DEUTERONOMIO 32:30

> La fortaleza de cualquier sistema de creencias es la capacidad de los creyentes para estar en unanimidad.

En 2 Tesalonicenses 2:1-3, la Biblia nos dice que no debemos ser movidos en nuestra mente o perturbados ni por espíritu, por palabra, o por carta. Analizando esta escritura en el griego, este versículo se puede parafrasear: no ser movido por el intelecto o la naturaleza humana (mente). Además, no deje que los ataques demoníacos (espíritu), la verdad de la palabra (logos), o espíritus religiosos (cartas) lo perturben.

La escritura sigue diciendo que antes debe haber una apostasía (v. 3). La palabra *apostasía* es muy importante para tener en cuenta. Es *apostasía* en el griego, y significa "caer lejos de la verdad como para desertar o abandonar". Esto es lo contrario de la palabra griega *apostello*, que significa "apostólicos o enviados". Al comparar estas dos palabras, una significa "ser enviado", y la otra significa "desertar o alejarse". Estamos viviendo en un momento en que muchos estarán huyendo de la verdad. La Palabra dice que tendrán comezón de oír y no serán capaces de tolerar la sana doctrina.

> Porque vendrá tiempo cuando no sufrirán la sana doctrina, sino que teniendo comezón de oír, se amontonarán maestros conforme a sus propias concupiscencias.
> —2 TIMOTEO 4:3

Serán como la semilla que cayó en pedregales, de la que Mateo 13:5-6 dice:

> Otras semillas cayeron en un terreno con poca tierra. Pero las plantas no vivieron mucho tiempo porque no tenían buenas raíces, y se quemaron cuando salió el sol (TLA).

Creo que el Señor me ha estado hablando constantemente sobre las raíces, porque este es el problema que muchos tienen con su fe. La gente no puede creer en Dios a causa de las malas raíces de sus vidas. El Señor me mostró algunas cosas relativas a los suelos en barbecho. Vi suelos que eran difíciles, fríos, estériles, e inactivos. La parte superior de la tierra estaba reseca, pero fue lo que vi debajo de la tierra lo que realmente me llamó la atención. Debajo de la tierra había un enorme sistema de grandes raíces. Oí: "¡Los suelos en barbecho se deben romper!". Pensé: "¿Cómo? ¿Cómo se puede romper el suelo en barbecho habiendo tantas raíces tan grandes bajo la tierra?".

Así es lo que está en el reino espiritual. El barbecho de nuestro corazón no puede ser arado por los sistemas de raíces de larga data que están asfixiando a la verdad. Estas raíces no permiten que los suelos sean cultivados para recibir la semilla de la Palabra de Dios. La fe viene por oír la Palabra. Mateo 13 habla de las aves que se alimentan de la semilla de la Palabra. Estas aves solo comen lo que está encima del suelo.

Solo la palabra arraigada salvará nuestras almas. La palabra "arraigado" en el griego es *émfutos*, que significa "implantado". *The American Heritage Dictionary* define *implantar* como "establecer firmemente, como en la tierra". Es muy difícil para la semilla echar raíces en la capa superior del suelo. ¡Por eso los suelos en barbecho deben romperse! Toda la tierra debe ser arada antes de la siembra. La Biblia dice que el enemigo viene inmediatamente a robar la semilla de la Palabra. Él solo puede obtener lo que no esté implantado, o arraigado, en la tierra de su corazón.

¿Qué significa realmente "terreno en barbecho" del corazón? Primero veamos a Jeremías y su declaración sobre este tema. Jeremías habló de dos cosas que tenían que hacerse en relación con los corazones de los hombres. Tenía que haber: (1) una separación y (2) una circuncisión o corte. Ambas acciones se refieren al corazón y se requiere algo afilado para hacer el trabajo. Hebreos 4:12 declara que la Palabra de Dios es más cortante que toda espada de dos filos. La Palabra es una excavadora. Sí, imparte, pero primero tenemos que permitir que la Palabra excave y limpie las cosas que no se necesitan.

Esto es lo que hace la circuncisión. Se corta lo extra que no es necesario. La investigación médica ha demostrado que los hombres que no están circuncidados tienden a tener infecciones más fácilmente. Es por esto que el corazón humano tiene que ser circuncidado por la Palabra. El corazón es infectado espiritualmente cuando no hay circuncisión. La infección del cuerpo se produce cuando los agentes lo invaden y hacen que opere sin sincronización con su sistema natural. De la misma manera, el corazón incircunciso se llena de contaminación, lo que siempre va a mantener a la humanidad fuera de sincronización con Dios.

Dios puso una palabra excavadora en la boca de Jeremías: "Y extendió Jehová su mano y tocó mi boca, y me dijo Jehová: He aquí he puesto mis palabras en tu boca. Mira que te he puesto en este día sobre naciones y sobre reinos, para *arrancar* y para *destruir*, para arruinar y para derribar, para edificar y para plantar" (Jeremías 1:9-10, énfasis añadido).

> El enemigo...solo puede obtener lo que no está implantado, o injertado, en la tierra de su corazón.

Según esta escritura Jeremías tuvo que limpiar el terreno antes de poder construir efectivamente. Dios le advirtió a Jeremías que no tuviera miedo delante de las personas (v. 8). Esta palabra *delante* en el hebreo se pronuncia *pané*. Se define como caras que hacen batalla con su expresión. La gente no les sonríe a los ministros que hablan palabras que cortan el corazón. En Hechos 7 la Palabra del Señor dice que cuando Esteban testificó ante el consejo de ancianos y escribas, las palabras que pronunció cortaron sus corazones. Esteban se dirigió a ellos como "duros de cerviz e incircuncisos de corazón" (v. 51).

Dios está levantando guerreros en el espíritu que no tengan miedo del *pané* actual. Hoy los predicadores no son sacados de la ciudad y apedreados, pero son perseguidos de maneras más modernas. Como Esteban predicó de una manera que no les resultaba común, los ancianos y los escribas lo acusaron de blasfemia. La Biblia dice que Esteban ministró de una manera tal que les impidió resistir la sabiduría y el espíritu con que hablaba (Hechos 6:10). Esto los obligó a crear un falso testimonio contra él.

> La fe se incrementará en los corazones de la gente cuando los líderes salgan de la selva de la tradición.

Hechos 6:14 revela que estaban preocupados por las costumbres que Moisés les había dado. Creo que la fe aumenta en los corazones de la gente cuando los líderes salen del desierto de la tradición, la religión, y "la forma en que siempre se ha hecho". La palabra "costumbres" de Hechos 6:14 es *édsos*. Significa "modales prescritos, hábitos o formas convencionales". Sobre la base de esta escritura, puedo decir con seguridad que debemos tener cuidado de no escribir recetas de soluciones que sean obsoletas cuando se trata de ministrar. Me doy cuenta de que la Palabra es la misma ayer, hoy, y para siempre, pero con eso está el equilibrio que Dios nos lleva de una gloria a otra.

En el desierto había una gracia que no se podía tener en la Tierra Prometida. La llave que abrió la puerta a los que podrían entrar en la Tierra Prometida fue tener "otro espíritu". Esta era la generación que sería "capaz". Esta era la generación que podría superar a los gigantes de la tierra. Esta era la generación que movería montañas. Esta era la generación que había tratado sus malas raíces: las cosas que tratan de seguirnos en nuestra "tierra prometida".

Revisemos Marcos 11, el pasaje en el que Jesús maldijo a la higuera. La Biblia dice que Jesús tenía hambre, y vio la higuera desde lejos. Después de echarle una mirada desde más cerca, Jesús vio que el árbol no tenía fruto. Solo de pasada, tranquilamente menciona a los discípulos que nadie volvería a comer fruto de ese árbol. No se prestó ninguna atención a este asunto hasta que Pedro, más tarde, se dio cuenta de que el árbol se había secado desde la raíz.

> **Al tratar las raíces demoníacas primero debemos abordar el tema de la fe.**

Jesús había maldecido la capacidad del árbol para reproducirse. Las raíces son el sistema de apoyo mediante el cual se alimenta un árbol. Jesús cortó la provisión del árbol, deteniendo su fuente en la raíz. Usted puede distinguir un árbol por sus frutos, pero la semilla del fruto está en el sistema de raíces. Jesús rompió el fundamento de la capacidad del árbol para sostenerse. Al tratar con las raíces demoníacas primero debemos abordar el tema de la fe en la historia de Jesús y la higuera.

Marcos 11:24 dice claramente que todo lo que deseemos, cuando oramos, si creemos, lo vamos a recibir. Por otro lado Santiago dijo: "Tú crees que Dios es uno; bien haces. También los demonios creen, y tiemblan" (Santiago 2:19). Estas dos escrituras proporcionan una fórmula para la fe que no puede ser negada. Esta fórmula se suma al hecho de que la fe sin obras está muerta, algo que Santiago también observó cuando escribió: "Porque como el cuerpo sin espíritu está muerto, así también la fe sin obras está muerta" (v. 26).

> **Debemos… reconocer las cosas que no están prosperando hacia el propósito de Dios en nuestras vidas.**

Naturalmente hablando, nuestros cuerpos no pueden funcionar sin tener nuestros espíritus en ellos. Debemos reconocer por el mismo principio que nuestra fe no puede ser eficaz sin obras. Es como sacar el espíritu de una persona fuera de su cuerpo y tratar de hacer que este camine. El cuerpo está muerto si no tiene el espíritu en él. Por fe, Jesús maldijo la higuera en su raíz. Lo primero que hizo fue reconocer que el árbol no estaba prosperando en su propósito. Debemos ser capaces de reconocer las cosas que no están prosperando hacia el propósito de Dios en nuestras vidas y estar dispuestos a tratar con ellas.

Sin fe es imposible agradar a Dios. No se necesita fe para sacar de su vida las cosas que no le importan, pero es difícil hablarle a la montaña cuando usted está enamorado de ella. A veces es difícil ver los obstáculos que se interponen entre nosotros y Dios cuando tenemos ataduras del alma con ellos. Dios me libró de ataduras de alma con el hombre. Estaba subliminalmente atada a un líder de mi iglesia. Lo protegí como líder aun en ocasiones en que estuvo equivocado. No fue mi intención hacerlo; simplemente no podía ver con claridad debido a la relación.

Yo solía decir que cada ministerio necesitaba un líder como él. No me veía operando en el ministerio sin esta persona porque sentía que él era una parte fundamental. Fue a través de mucho dolor, vergüenza y pesar que Dios excavó este tipo de malas raíces de mi vida. Es increíble con cuánta facilidad podemos comenzar a depender de nuestro entorno natural o de las cosas que se han vuelto comunes para nosotros. Dios no tendrá ningún otro dios delante de él. Incluso nuestra dependencia de otra persona para operar en el ministerio puede llegar a ser como "otro dios".

Gente del ministerio se quejó a mí, pero yo no podía oír su clamor. No fue sino cuando Dios me dio la revelación de la "temporada de la serpiente" que empecé a comprender de dónde venía. Después de mi liberación de la adicción a las drogas y la prostitución, pensé que nunca volvería a sentir las garras del hombre fuerte alrededor de mi cuello. Bueno, esta vez el diablo no vino con un espíritu de las calles. Se disfrazó en la forma de un "espíritu de iglesia". ¡Fue un espíritu con el que me familiaricé, y no pude verlo ni siquiera con todos mis dones de discernimiento!

> **Nuestra dependencia de otra persona... puede llegar a ser como "otro dios".**

No pude ver que este espíritu tironeaba mi matrimonio, mi ministerio, y todo lo que era querido para mí en la vida. Si hoy no estuviera libre de él, ni siquiera tendría aliento en mi cuerpo para hablar al respecto.

Aun cuando el Espíritu Santo tironeó mi corazón, negué que estuviera allí. Al negarlo, llevé este problema conmigo por el camino. Abrí las puertas a este problema e incluso comencé a depender de él. Le tomó todo al Espíritu Santo en mi interior hacerme dar cuenta de que eso no era la asignación de una persona, sino un espíritu decidido a llevarme. Para cuando fui capaz de reconocer este espíritu, me tenía agarrada como una marioneta en una cuerda. Yo pensaba que tenía el control, pero en realidad "eso" hacía funcionar las cosas. Mi única salida era admitirlo y dejarlo. Las circunstancias eran graves porque las raíces habían crecido tanto. Eran las raíces subterráneas que nunca habían sido tratadas.

Mediante el ayuno y la oración permití al Señor cortar la raíz, liberándome. Me encontré en la situación de ser libre de lo que en lo natural temía más que cualquier otra cosa: ¡estar cerca de una serpiente y no saberlo! En lo natural yo siempre miraba alrededor en las zonas boscosas por temor a que una serpiente se me acercara por sorpresa. No me podía imaginar que una serpiente espiritual fuera más perjudicial para mí. Aunque fue difícil salir de allí, esta situación ha traído unidad a mi matrimonio, orden a mi iglesia, y paz a

> **Las circunstancias fueron graves porque las raíces habían crecido tanto.**

mi mente. Mi esposo y yo estamos caminando como uno como nunca antes.

A veces las luchas alcanzaban tanta fuerza que el enemigo podía tratar de hacerle jugarretas a mi mente. Hoy puedo estar delante de Jesús y decir que lo que antes fue una lucha cotidiana se ha convertido en un apacible paseo con Dios. Conozco los desafíos de la vida de un cazademonios. A pesar de esto, nunca pude imaginar que se colocara estratégicamente a mi alrededor a tanta gente que en realidad no estaba para colaborar conmigo. Su sola presencia causó agitación en mi vida personal y puso presión sobre relaciones que fueron ordenadas por Dios. Nunca olvidaré que mientras estábamos en una vigilia de cuarenta días, a la medianoche oí al Espíritu del Señor decir: "¡Haz que caminen por la plancha!". Le pregunté a Dios a qué se refería. Solo respondió: "Los rebeldes...ellos están tramando un golpe en tu contra".

> **Cuando Dios sacó a ciertas personas de mi vida, los problemas se fueron.**

Dios me dio instrucciones de poner la espada de la Palabra a sus espaldas y hacerlos caminar por la plancha. Me mostró las escrituras que dicen: "La rebelión es como pecado de adivinación" (1 Samuel 15:23). Llegó a decir que un rebelde es un brujo y que tengo que hacer frente a la brujería en la iglesia. Comencé a darme cuenta de que había estado poniendo mi confianza en la gente equivocada. Mi matrimonio y ministerio estaban siendo afectados porque estaba uncida en yugo con el enemigo en la discusión de mis asuntos personales. Empecé a notar que personas que eran conocidas como enemigas de nuestro ministerio conocían mis asuntos. Tomar conciencia fue una sacudida, pero me arrepentí y prometí no volver a hacerlo.

Cuando Dios sacó a ciertas personas de mi vida, los problemas se fueron. Cosas por las que yo había clamado a Dios durante años, simplemente se fueron. Salieron por la puerta con la gente que Dios sacó de alrededor de mí. El problema que siempre debía discutir (con quienes yo pensaba que eran de máxima confianza) ya no estaba allí. Al final resultó que aquellos que yo pensaba eran en quienes podía confiar eran el problema en mi casa. Cuando saqué a la gente fuera de mis asuntos, Dios me mostró a mí misma. Él me permitió embarcarme maduramente en una relación con mi marido que no podría haber pensado ni en mis mejores sueños.

> **Cuando saqué a la gente fuera de mis asuntos, Dios me mostró a mí misma.**

Las personas en quienes una vez había confiado tanto salieron de mi vida y comenzaron a difamar mi nombre públicamente. Golpearon mi matrimonio, mi ministerio, e incluso a mis hijos. Las cosas que dijeron realmente no me molestaron porque el problema ya no estaba en mi casa. Ni siquiera gasté tiempo de Dios preguntándole por qué. Del mismo modo que Dios permitió que Sísara fuera a la casa de Jael, para que ella lo pudiera matar (Jueces 4), Dios permitió que esto se manifestara en las primeras etapas de mi ministerio para que pudiera acabarlo. Martillé el clavo en la cabeza del enemigo y lo asesiné. ¡El problema estaba muerto! ¡Aleluya!

Oro para que cada líder preste atención al siguiente capítulo. Por favor, sepa que usted no tiene que pasar por todo lo que yo he experimentado. Sé que mi autobiografía, *Against All Odds* (Contra viento y marea), tenía una unción especial para ayudar a las personas que salen del mundo. Es mi visión que este testimonio de *Del desastre al milagro* podría dar luz a los que entran a la iglesia. ¡Sí, hay gigantes en la tierra, pero nosotros podemos! No tenemos nada que temer más que al miedo mismo.

Como Job, lo que yo más temía vino sobre mí. Pero no fui movida; yo también salí de eso con el doble de bendición. Es mi oración que usted aprenda de mi experiencia si alguna vez tiene que atravesar una "temporada de la serpiente". Y si usted está caminando con Dios en el fresco del día, con el tiempo lo hará.

Capítulo 8

LA TEMPORADA DE LA SERPIENTE: EL ESPÍRITU DEL REPTIL

MIENTRAS CAMINABA POR EL ESTACIONAMIENTO DE mi hotel en un caluroso día de primavera en Gainesville, Florida, mi paz fue interrumpida por la vista de una pequeña serpiente que atravesaba mi camino. Evité la criatura tomando un desvío le hacia mi habitación. Mientras caminaba, el Señor suavemente le habló a mi corazón y dijo: "¡Es la temporada de la serpiente!".

Es natural en Florida que las serpientes salgan de la hibernación durante la primavera. Y aunque las serpientes no son mis animales favoritos, cuando me encontré con esta, por alguna razón, me quedé tranquila y serena. El Señor comenzó a compartirme que todo lo que vemos en el ámbito natural es una manifestación de lo que está sucediendo en el espíritu. Dios me dijo: "Has pasado el invierno [que representa tiempos difíciles], y ahora tienes un testimonio. El diablo quiere tu testimonio. Las serpientes están saliendo de la hibernación para tomar tu testimonio. ¡Cuídate del espíritu de reptil!".

Esta palabra del Señor me impulsó a investigar las

Escrituras respecto a este espíritu. En Génesis 3:1 Satanás fue representado como una serpiente. Job 41 habla del leviatán, que representa al diablo. El espíritu de orgullo provocó que Lucifer cayera en desgracia, y el libro de Job hace referencia al leviatán como rey sobre todos los hijos de soberbia. Finalmente, en Apocalipsis 12:9 el diablo es manifestado como el gran dragón.

Todos estos son reptiles o espíritus de reptil. Hay muchos cultos subterráneos que adoran al espíritu del reptil, o demonios que se hacen llamar "reptiles". La palabra que el Señor me habló comenzó a abrirse como ventanas en un ordenador. Cuando comencé a meditar en ella, el Señor comenzó a desarrollar para mí la revelación de la "temporada de la serpiente". Primero, me dio las características de un reptil:

> Todo lo que vemos en el reino natural es una manifestación de lo que está sucediendo en el espíritu.

✻ Son animales de sangre fría

✻ Usualmente están cubiertos de escamas

✻ Les gustan los lugares cálidos

✻ Tienen piel gruesa

✻ Ponen huevos

Al estudiar estas características, las comparé con las características de los espíritus que operan en la iglesia. La definición y referencia bíblica para cada uno es como sigue:

De sangre fría (Efesios 4:31)

Tener sangre fría significa ser *ectotérmico*, o "que tiene la misma temperatura que el medio ambiente". Esta palabra también significa ejecutar una acción sin corazón o sin emociones. En las calles una persona de sangre fría era considerada cruel y capaz de operar con malicia. Operar con malicia significa tener malas intenciones, sin causa o motivo, contra una persona.

Los animales de sangre fría hibernan durante el invierno y salen cuando llega la temporada de primavera. Dios me reveló que la razón de que haya tanto crimen, confusión y juerga durante las celebraciones de las vacaciones de primavera de la universidad es el "espíritu de la temporada". En lo natural salen las serpientes, pero también es un espíritu de vida diabólica que se intensifica durante el receso de esa temporada. Adoradores del diablo y seguidores ocultistas lo llaman el "equinoccio de primavera". Esta es la temporada en que se adora a los dioses de la fertilidad y los que quieren lanzar maldiciones plantan semillas para su cosecha. Este es el tiempo en que se sueltan espíritus para encender actividades pornográficas y orgías sexuales. ¡Es el espíritu de las parrandas en las que todo vale!

No creo que sea casual que la época del Mardi Gras (Carnaval en Nueva Orleans) esté estratégicamente situada muy cerca de la celebración de primavera de la universidad. El dios de Mardi Gras es Baco, el dios de la fiesta y el jolgorio. Mi marido y yo ministramos a un joven cuyos padres eran ministros de una iglesia muy exitosa. El joven es un artista muy talentoso de la grabación gospel, pero fue atado por una fuerte adicción a la cocaína. Mi marido y yo amamos al joven a primera vista. Lo vamos a llamar Jimmy para el propósito de contar su historia. Ministramos liberación a Jimmy en nuestro hotel después de una reunión que sostuvimos en la costa este. La unción profética de Dios cayó sobre mí, y empecé a profetizarle.

Le dije que tenía algunas ataduras de alma con la ciudad de Nueva Orleans que debían ser rotas. También le expliqué que Dios me había mostrado cómo una maldición generacional de muerte en las calles de esta ciudad fue establecida en contra de su vida. Dije que el espíritu de "Baco" gobernaba sobre su vida y que muchos consideraban que él era un juerguista. Me miró como si hubiera visto un fantasma y asintió con la cabeza para indicar que tenía razón en todo lo

> **El orgullo distorsiona nuestra percepción espiritual.**

que yo había dicho. Después de una sesión con él, entró en otra pelea con la cocaína un par de semanas más tarde. En las calles, esta vez las cosas eran bastante duras con él. Finalmente voló a una de nuestras conferencias para pasar tiempo con Ardell y conmigo.

Por primera vez, me compartió su historia acerca de su difunto tío. El hermano de su padre había muerto como un alcohólico sin hogar en las calles de Nueva Orleans. Jimmy me explicó que cada vez que intentaba salir de los límites de la ciudad, tenía un incontrolable deseo de quedarse. Dijo que incluso tenía amigos que lo llevaban hasta los límites de la ciudad, porque algo le prohibía salir. Lo que más lo asustó antes de venir a unirse a nosotros fue una experiencia que tuvo en un viejo hotel durante el Mardi Gras.

Explicó que él se cayó dormido borracho después de

muchos días de fiesta, y su tío muerto entró en la habitación (en un sueño) y lo llamaba a las calles para seguir de fiesta un poco más. Dijo que era tan real que se despertó con un sudor frío. La profecía que yo le había hablado cobró vida en su cabeza. Era la palabra profética de Dios que se pegó a él aun cuando las primeras sesiones de liberación no lo liberaron. Nunca le había contado a nadie su secreto, pero como el Señor nos lo había revelado a nosotros, él volvió a buscar liberación mediante nuestro ministerio.

Al ministrarle liberación, lo primero que logramos fue cortar el lazo de alma entre él y su difunto tío. Fue este lazo en el espíritu lo que realizó la maldición generacional que lo controlaba. Jimmy continuó asistiendo a las sesiones ministeriales, y su avance ha ido cambiando su vida. ¡A Dios sea la gloria!

Escamas (Job 41:15 [BTX], Hechos 9:18)

En el Libro de Job la Biblia se refiere a las escamas que cubren al leviatán, el rey de todos los hijos de soberbia. Hechos 9:18 habla de escamas que cayeron de los ojos de Pablo. Sobre la base de estas dos referencias de las Escrituras, me siento muy segura al decir que las escamas de la serpiente representan el orgullo y la ceguera espiritual. La Palabra del Señor nos dice que "al orgullo le sigue la destrucción" (Proverbios 16:18, NVI). La palabra *destrucción* en hebreo se pronuncia *shéber*. Una de las interpretaciones de esta palabra es "quebrar la vista" o "dañar la interpretación".

El orgullo distorsiona nuestra percepción espiritual. Es un tipo de idolatría a través del cual nos ponemos nosotros mismos antes que Dios. Este espíritu hizo caer a Lucifer. Él dijo: "¡Me exaltaré a mí mismo!". El orgullo lo exalta a uno mismo, y cuando el yo es exaltado, Dios es echado por tierra.

Esta destrucción destruye la percepción de una persona de lo que Dios está diciendo, porque la persona saca su atención de Dios y la pone en sí misma.

Lucifer fue la criatura más hermosa que Dios creó. Pero cuando volvió su atención sobre sí mismo, terminó por caer. En la siguiente escena lo vemos en el huerto como una serpiente. He conocido a grandes guerreros intercesores a quienes Dios utilizó de maneras asombrosas que sucumbieron al espíritu de orgullo por el don de Dios que había en ellos. Cuando traté de tirar de sus faldones y decirles que fueran más despacio, me resistieron. Dijeron que ellos escuchaban de Dios por sí mismos. Yo fui quien les enseñó a guerrear e interceder, y de repente ellos me dejaban atrás.

Estos intercesores dejaron el ministerio y con el tiempo volvieron a estilos de vida de adicción a las drogas y todo lo que eso conlleva. Leviatán se manifiesta en el cuello de la persona. Job 41 dice que la fuerza de leviatán radica en su cuello.

Esto me trae al tema de la siguiente característica de un reptil: tiene la piel gruesa.

> Porque yo conozco tu rebelión, y tu dura cerviz; he aquí que aun viviendo yo con vosotros hoy, sois rebeldes a Jehová; ¿cuánto más después que yo haya muerto?
> —DEUTERONOMIO 31:27

Piel gruesa

Tener la piel gruesa significa ser difícil de penetrar o alcanzar. Una persona con rigidez en el cuello también es alguien difícil de alcanzar. Moisés le dijo al pueblo que él reconocía su rebelión. Primera de Samuel 15:23 dice: "Como pecado de adivinación es la rebelión, y como ídolos e idolatría la obstinación". La máxima manifestación de "piel gruesa" es la obstinación. La rigidez en el cuello, la piel gruesa, la obstinación, la iniquidad, la idolatría, la rebelión y la brujería son todas manifestaciones de una mala voluntad hacia las cosas de Dios y representan asignaciones espirituales contra el pueblo de Dios.

Lugares secos (Mateo 12:43)

Esta escritura revela que los demonios que son expulsados de las personas deambulan buscando lugares secos. La palabra "seco" en el griego es *ánudros*. Esta palabra significa "sin agua y que no tiene espíritu". En realidad significa que los demonios buscan lugares tibios. Así como en lo natural las serpientes buscan lugares cálidos para hibernar, los demonios buscan lugares (preferiblemente cuerpos humanos) en los cuales hibernar.

> Los demonios no pueden habitar en lugares que están llenos del Espíritu de Dios.

Apocalipsis 18:2 menciona una habitación de demonios. La palabra "habitación" es *katoiketérion* en griego. Se define como un lugar de residencia o casa permanente donde habitar. Dios quiere habitar en nosotros y también lo hacen los demonios, pero ellos no pueden permanecer en lugares que están llenos del Espíritu de Dios. Cuando Jesús entró en templos naturales los demonios huyeron. Cuando permitimos que la luz de Jesucristo habite en nosotros, ¡la oscuridad debe huir! Por eso Dios nos dice en el libro de Apocalipsis que sería mejor para nosotros ser calientes o fríos. Dice que Él vomitará todo lo que sea tibio (Apocalipsis 3:16).

Tibio significa "mezcla". Cuando mezclamos caliente y frío (en lo natural) obtenemos tibio. Cuando tratamos de mezclar a Jesús y el diablo (en lo espiritual) obtenemos tibio. La interpretación griega de la palabra *caliente* significa ser ferviente por el Señor. La palabra "frío" es *psujrós* en el griego. Está estrechamente relacionado con la palabra griega *psuque*, que se define como "la mente racional". *Psuque* se relaciona con la palabra castellana "psique". Ser frío significa ocuparse totalmente de la carne. Dios quiere que estemos totalmente vendidos a Él o totalmente ocupados en la carne, pero no en el medio.

Colocar huevos

En un capítulo anterior he mencionado el espíritu basilisco. Isaías 59:5-7 dice:

> Incuban huevos de áspides, y tejen telas de arañas; el que comiere de sus huevos, morirá; y si los apretaren, saldrán víboras. Sus pies corren al mal, se apresuran para derramar la sangre inocente; sus pensamientos, pensamientos de iniquidad; destrucción y quebrantamiento hay en sus caminos. Sus pies corren al mal, se apresuran para derramar la sangre inocente; sus pensamientos, pensamientos de iniquidad; destrucción y quebrantamiento hay en sus caminos.

Una vez, cuando yo estaba en una vigilia de oración, a la medianoche el Señor me habló de que yo iba a hacer caminar a los rebeldes por la plancha. Esta palabra me sorprendió; pensaba que todo iba bien. Dios dijo que yo iba a poner la espada de la palabra en sus espaldas y hacerlos caminar por la plancha. En ese momento no tenía idea de lo que el Espíritu Santo estaba hablando. Compartí la palabra con un par de intercesores y seguí adelante.

Cuando comencé a preguntar a los intercesores acerca de nuestra misión de medianoche, noté una brecha en el muro. Dios me había dado instrucciones específicas para llamar a toda la congregación a una consagración. A todos se les dieron instrucciones especiales de oración. Cuando pregunté a cada uno acerca de su asignación de oración, una joven me dijo que Dios le había dado instrucciones de hacer otra cosa. Cuando traté de corregirla al respecto, ella se volvió aún más resistente. Le dije que este no era su tiempo privado con el Señor para orar como ella deseaba, sino que estaba en una misión de intercesión específica a favor de la iglesia.

> **La rebelión contra la autoridad constituida es espiritualmente un motín.**

Ella continuó diciéndome que Dios le había dicho que hiciera otra cosa. Este es un perfecto ejemplo de rebelión. Es como el pecado de brujería. La rebelión contra la autoridad constituida es espiritualmente un motín. Esta joven era un vaso realmente muy dotado. Cuanto más dotados estamos en Dios, mayor necesidad tenemos de verdadera sumisión. La falsa sumisión es un espíritu que hace que la gente salga de su camino para pintar un cuadro de sumisión a cualquier precio. Este espíritu por lo general hace que la gente exagere sus tareas u obligaciones. Siempre necesitan poner de relieve cada acto de servicio, porque en última instancia necesitan elogios por lo que han hecho. Su objetivo es ocultar su verdadero estado de rebelión tras el disfraz de falsa sumisión.

No traté a esta joven tan severamente como debería haberlo hecho. Las repercusiones fueron que ella fue parte de ocho familias que dejaron nuestra iglesia. Aunque esta persona finalmente regresó y hoy sigue estando con nosotros, los huevos que puso llevaron a muchos a caer junto al camino. La buena noticia es que cada persona que se fue siempre había suscitado confusión y me mantuvo distraída con sus problemas. Cuando se fueron, los problemas cruzaron la puerta con ellos.

> Los descendientes de los rebeldes son doblemente infernales.

Pero empezamos a recibir cartas amenazadoras, y en nuestro sitio web se hicieron declaraciones públicas difamatorias. Dios me mostró los rostros de las personas que cometieron estos actos mientras leía las notas. Parecían como robots que eran controlados, y sus ojos eran profundamente malvados. La manifestación del espíritu basilisco era evidente en sus vidas. Como hemos leído Isaías 59:5-7, vamos a repasar las manifestaciones.

❅ Ellos tejen telarañas de confusión (v. 5).

❅ Sus obras son obras de iniquidad (v. 6).

❅ Causan la muerte espiritual a la gente que come de sus huevos (v. 5).

❀ Hay actos de violencia en sus manos (v. 6).

❀ Sus pies se apresuran a correr al mal (v. 7).

❀ No dudan en derramar sangre inocente (v. 7).

❀ Sus pensamientos son de iniquidad (v. 7).

❀ Ruina y destrucción hay en sus caminos (v. 7, NVI).

El espíritu gobernante del hombre fuerte basilisco se manifiesta en los ojos. La mayoría de las veces cuando oramos por las personas en las sesiones de liberación, el espíritu se manifiesta a través de las características del demonio. Por ejemplo, la fuerza del leviatán está en el cuello, y hemos visto manifestaciones físicas de cuellos que se agrandan de tamaño cuando el espíritu deja el cuerpo de la persona. El basilisco se manifiesta en los ojos de una persona. He visto ojos de mujeres jóvenes que se hinchan dos a tres pulgadas desde la cara como consecuencia de que el espíritu sale de su cuerpo. El espíritu basilisco es peligroso para el cuerpo de Cristo, pero los huevos que produce son aún más peligrosos. Los descendientes de los rebeldes son doblemente infernales. Jesús le comentó esto a la gente religiosa rebelde de su época.

La revelación de la temporada de la serpiente no vino a mí fácilmente. Pensé que estaba predicando de algo que le estaba sucediendo a otra persona. No podía entender las profundidades de este tipo de ataque hasta que me pasó a mí personalmente. Tengo un buen amigo en el ministerio que experimentó una manifestación de Judas en su campamento. Estaba literalmente hecho pedazos y volviendo a juntarlos. Aunque escuché su historia, mi mente no podía imaginar su dolor. Dios sacó de mi mente todas las preguntas concernientes a este tema. Nunca nadie me podría decir lo que estaba a punto de aprender por mí misma.

Mientras predicaba el mensaje de la "Temporada de la serpiente" en mi propia iglesia, yo parecía estar abierta a otro reino. Dios me mostró claramente que Él estaba a punto de sacar de alrededor de mí a todo el que no fuera correcto. ¡Lo llamó una confrontación espiritual! Dios había movido a mucha gente ya. Mi carne no estaba lista para otro mover de Dios como ese, pero mi espíritu se sometió a sus palabras. Empecé a sentirme inquieta por un líder de nuestra iglesia en particular. Yo confiaba tanto en él que dejó en suspenso mi mente natural; no entendía por qué me sentía de esta manera.

Me le acerqué varias veces con mi preocupación, pero él me aseguró que todo estaba bien. A medida que mis sospechas subliminales comenzaron a manifestarse ante mis propios ojos, me di cuenta de que la persona número uno de quien yo dependía en el ministerio comenzaba a mentirme. No fui la única que se dio cuenta. Varios ministros vinieron a mí con preocupaciones acerca de este ministro y el camino que llevaba. Yo estaba tan apenada que no podía ir inmediatamente a él y decirle que lo había sorprendido en varias mentiras descaradas. Tuve que darme tiempo para captar lo que estaba pasando. Cuatro de mis principales líderes vinieron a verme en forma privada con la misma historia. Mi mano derecha estaba tratando de ponerlos en contra de mí y del ministerio.

Verdaderamente era la temporada de la serpiente, pero yo no estaba preparada para el veneno que el enemigo había soltado. Una confirmación tras otra vino a mi camino. Por entonces, esta persona en quien yo confiaba evitaba toda conversación conmigo. Dios nos estaba bendiciendo de muchas maneras. Yo estaba dejando mensajes de informes de felicitaciones en su teléfono sin tener respuesta. La última vez que hablé con él para compartir buenas y malas noticias, cortó rápidamente la comunicación diciendo que volvería a llamar. La última vez que escuché su voz parecía frío y despreocupado de lo que yo le estaba diciendo.

Supe que esto era una manifestación de la sangre fría del cocodrilo. Este espíritu puede convertir cincuenta años de amistad en una pesadilla. Finalmente compartí con él que yo sabía que el diablo estaba tratando de hacerlo dejar la iglesia. Yo, literalmente, le rogué que me dejara orar por él delante de la congregación y hacerles saber que se iba. Le pedí: "¡Por favor no te vayas con todo lo negativo en tu corazón!". No quiso admitir que se estuviera yendo. Un profeta local llegó al servicio del domingo por la mañana inmediatamente después de que tuvimos esta conversación.

Mi íntimo hermano en el Señor estaba bajo tanto ataque del enemigo, cuando hice un llamado al altar para que la gente "pusiera sus vidas en orden con Dios" él vino al altar. Yo no sabía cómo responder. Este no era un llamado al altar para sanidad o para una bendición financiera. Era un serio llamado para los que no estaban bien con Dios.

Como yo no sabía cómo responder, el profeta local recogió el testigo. Se puso de pie delante del quebrantado ministro y profetizó que el diablo estaba tratando de sacarlo de su lugar. ¡Esta fue una respuesta a mi oración! Sin duda, esta fue la confirmación de que mi líder necesitaba saber que no era el momento de que se fuera. ¡Cuánto se alegró mi alma!

Después del servicio fuimos abajo y ministramos liberación a una mujer. La mujer fue milagrosamente libre. Cuando miré a los ojos del líder que sabía que el diablo quería sacarlo, supe que todo iba a estar bien. Al día siguiente me llamó y me compartió algo que nunca voy a olvidar.

Me dijo que el mismo profeta que le profetizó a él tuvo una visión amplia: Había doce demonios sentados alrededor de una mesa de conferencias riendo incontrolablemente. Insistían en que su plan funcionaría. Dijeron que no se molestarían más en Kimberly y Ardell. Tendrían a mi principal líder y al líder que estaba bajo él. Estos espíritus tenían abrigos negros, y llevaban capuchas de terciopelo negro en sus manos. Dentro de las capuchas había "nubosidad", "visión borrosa", "división" y "conspiración". Los demonios fueron enviados contra Spoken Word Ministries, con el demonio principal asignado contra mi líder principal. ¡La asignación era que el diablo usaría la persona más cercana a mí para invitar a salir a los otros líderes, y yo no lo sabría hasta que fuera demasiado tarde! Se suponía que esto me destrozaría y me desalentaría en el ministerio.

¡Agradezco a Dios por la palabra profética del Señor! Salvó nuestra iglesia. Si no hubiera sido por la advertencia profética, hubiéramos pasado por alto el plan del enemigo. Cuando llegó, lo vimos con claridad. ¡Verdaderamente yo podría cantar la canción "Diablo, bú...yo te veo"! Cuando el ministro bajo ataque se acercó a los otros con palabras de división, todos ellos vinieron a compartirme su preocupación. Después nos enteramos de que nuestro líder, al que todos amábamos y respetábamos, empacó sus cosas en medio de la noche y se fue. Fingió tomar un breve permiso para tener tiempo libre con el Señor, pero él había estado planeando durante meses dejar el ministerio.

Cuando pasaron semanas sin que ninguna de nuestras llamadas fuera devuelta, finalmente aceptamos el hecho de que uno de nuestros principales líderes había dejado el ministerio. Mi marido y yo estábamos desconcertados porque nunca tuvimos la oportunidad de sentarnos y hablar con él. Lo más difícil de aceptar para mí fue que él no prestó atención a la palabra de Jehová dicha por medio del profeta. Este ministro tuvo una gran oportunidad financiera, y tuvo que hacer una elección entre el ministerio y su oportunidad. Eligió la oportunidad. Durante el tiempo que estuvimos tratando de llamar a este ministro y él no devolvía nuestras llamadas, tuve un sueño.

Soñé que volvía de su "oportunidad", y estaba yendo y viniendo por la iglesia como si nada hubiera pasado. Le pregunté cómo iban las cosas con su empresa. Frunció el ceño y respondió que las cosas no habían salido como esperaba. Entró en el cuarto de baño, se echó sobre su vientre como una serpiente, y reptó hasta la puerta de la caseta. Mientras su cuerpo se erguía en la caseta, bajaba orina por sus piernas.

> En la carrera solo llegan los que perseveran hasta el fin.

Mientras yo estaba de viaje, mi sueño se manifestó ante los ojos de mis líderes. Yo les conté el sueño, y tal como lo había soñado, el ministro en cuestión realmente se presentó en la iglesia. Estaba yendo y viniendo por ahí haciendo las cosas que siempre había hecho durante el servicio. Tomó la ofrenda del equipo de finanzas como lo había hecho siempre. Cuando miró a los ojos de los otros líderes, las lágrimas afloraron a sus ojos cuando preguntó: "¿He hecho algo mal?" (Odio al diablo). Tiró la ofrenda sobre la mesa y salió de la iglesia. No tuvo que hacer las maletas porque ya las había preparado en medio de la noche, cuando no tenía a nadie alrededor.

No ha regresado desde entonces. Dejó todo el trabajo del ministerio patas arriba. El trabajo que solo él hacía fue dejado para que juntáramos sus partes como un rompecabezas. Sin siquiera una nota, tuvimos que averiguar el trabajo del cual era el único responsable. Nadie más sabía lo que hacía. La parte difícil fue que ni siquiera dio un día de aviso. Debo reconocer que me dolió cuando me enteré de que había gente tomando ofrendas para él cuando oyeron "lo que pasó con él". Fue hecho para que pareciera que lo echaban de la iglesia sin nada después que él había servido fielmente tantos años.

> **Los enemigos ilegítimos solo son una pérdida de tiempo.**

La Palabra del Señor nos dice que en la carrera solo llegan los que perseveran hasta el fin. Personas que hicieron grandes obras para el Señor perdieron sus almas y terminaron en el infierno. Yo creo que Dios restaurará a este poderoso hombre de Dios y lo usará mucho. Aunque el diablo lo usó, no fue más que una víctima y una baja de guerra. Por cierto, "la oportunidad" que creo que fue la principal herramienta del enemigo para sacarlo de la iglesia no se manifestó en el momento en que se suponía que lo hiciera. ¿De qué le sirve al hombre ganar el mundo entero y perder su alma?

Por favor, ¡no juzgue a esa persona; solo ore por ella! La

Biblia nos dice que si fuera posible, aun los escogidos serían engañados. Algunos de mis conocidos que son nuevos en el ministerio de liberación no entendían. Preguntaron: "¿Cómo puede el diablo captar a un cazademonios como este?". Mi única respuesta a esta pregunta fue que Jesús fue el mayor cazademonios que jamás existió; si Judas lo traicionó, ¿por qué nosotros deberíamos pensar que no podemos ser traicionados?

Doy gracias a Dios de que así como Jesús supo que Judas iba a salir, Dios reveló los planes que el diablo tenía para mí usando a este líder. He llegado a comprender que es correcto tener enemigos cerca de usted, siempre y cuando sean legítimos. Yo solía preguntarme cómo podía tener tantos enemigos sentados tan cerca de mí. Recientemente Dios me reveló que estaba bien, siempre y cuando fueran "enemigos legítimos", que son enemigos enviados por Dios. No tengo tiempo para enemigos ilegítimos. Cuando paso la prueba de tener un enemigo legítimo en mi campamento, obtengo una recompensa. Los enemigos ilegítimos solo son una pérdida de tiempo. Son frívolos, mezquinos y quisquillosos, y no recibimos nada por aguantar a gente que Dios no nos ha llamado a soportar.

Si voy a tener un enemigo cerca de mí, ojalá que sea uno legal enviado por Dios. Cuando este es el caso, podemos responderle a Judas (un tipo de "enemigo apostólico") como lo hizo Jesús y le decimos que haga lo que fue enviado a hacer.

Nunca debemos tener miedo a ministrar liberación a nuestros líderes. Jesús tuvo que reprender al diablo en Pedro. El enemigo quiere zarandear a nuestros líderes como trigo. Una semana antes de que supiera lo que estaba pasando, tuve en sueños una visión de un tamiz de plata gigante que estaba lleno de seres humanos. Había dos niveles bajo sus pies. El primer nivel representaba la relación con Dios. Bajo ese había otro nivel, que era la iglesia. Dios movió el nivel inferior (la iglesia), y la gente comenzó a caer por el tamiz.

Me incorporé de mi sueño y grité con voz fuerte: "¡Es una criba!" Sobresalté a mi marido, y se despertó. ¡Era tan real! Dios me mostró que las personas que tienen fundamento en la iglesia y que no tienen personalmente una relación fundamental con Dios quedarán en nada. Creo que se produjo una maduración en la vida de Pedro después de que él se separó de Jesús físicamente.

> El enemigo quiere zarandear a nuestros líderes como trigo.

El caminar de Pedro con Jesús en el ámbito terrenal representa un tipo de relación con la iglesia. Durante este tiempo, Pedro no era lo suficientemente fuerte como para resistir las tentaciones del enemigo. Es casi como un águila madre tirando a su bebé fuera del nido para que aprenda a volar. Citamos tan fácilmente la Escritura en Isaías, "levantarán alas como las águilas", pero ¿tenemos en cuenta lo que se siente al volar por primera vez? ¡Cuando Jesús se fue, Pedro tuvo que crecer! No es difícil detectar la inmadurez cuando el enemigo aumenta la presión.

Jesús había impartido en Pedro todo lo que tenía; ahora él debía caminar en lo que había recibido. Si Jesús se hubiera quedado con Pedro, él nunca habría ganado todas las almas registradas en el libro de los Hechos: habría estado esperando que Jesús lo hiciera. Este es el estado de la mayoría de los creyentes de hoy. ¡Están esperando que Jesús lo haga!

Jesús dijo que Él nos ha dado las llaves para hacer obras mayores. Con frecuencia, la iglesia puede convertirse en un tipo de muleta espiritual para los creyentes. El enemigo nos ha engañado para volvernos espiritualmente disecados. Entramos en las estaciones de servicio espirituales cada domingo y un día entre semana y conseguimos llenar nuestros tanques. La parte triste es que nunca conducimos a ninguna parte para utilizar el combustible que hemos recibido.

Muchos cristianos están clavados a los asientos de la iglesia. Solo conocen el espíritu pastoral de Jesús, el que vela inmediatamente sobre nuestros pasos y nos da de comer hasta que estamos llenos. La gente no puede relacionarse con el espíritu apostólico de Cristo que nos envía y nos libera para hacer lo que ya se ha impartido en nosotros. Los creyentes de los tiempos finales deben tener un lanzamiento, o vamos a explotar. Esto solo se puede hacer a través de la válvula apostólica de Dios. Este lanzamiento hará que los enviados caminen en otro nivel de madurez espiritual.

> **El enemigo nos ha engañado para volvernos espiritualmente disecados.**

No podemos hacerlo sin la iglesia, pero hasta eso se debe colocar en su justa perspectiva. Los que no tienen verdadera relación con Cristo serán los creyentes que morderán el anzuelo del enemigo. Jesús le dijo a Pedro: "Antes de que cante el gallo, negarás tres veces que me conoces". (Vea Mateo 26:34.) Si pensamos que somos tan espirituales que el diablo no nos puede engañar, solo nos engañamos a nosotros mismos. Debemos tener cuidado de que cuando pensamos estar firmes, no caigamos.

Por cierto, no sería justo compartir mi trauma sin compartir mi testimonio. Por cada persona que salió por la puerta, dos más entraron. Cuando mi líder más cercano dejó el ministerio, solo teníamos cuatro personas en nuestro personal. Dentro del mes, nuestro personal creció a quince personas fieles. Todo cambió a voluntad del Señor.

> Los que no tienen verdadera relación con Cristo serán los creyentes que morderán el anzuelo del enemigo.

Como en un juego matricial, una persona fue movida y todo el mundo calzó en su lugar. Fue una "bendición disfrazada". Lo que parecía una maldición, después de atravesarla ¡se convirtió en mi bendición! Pido a Dios que usted sea alentado por mi historia y permita que Dios lo lleve a usted también "de un desastre a un milagro".

Conclusión

PARA TERMINAR ME GUSTARÍA DECIRLES A TODOS los creyentes nuevos, veteranos y de corto plazo (los que van a recaer): ¡Jesús va a volver pronto! Este es el tiempo de ceñirse y seguir adelante. ¡"Vayan hacia adelante", dice el Señor! Todas las cosas viejas pasaron y todas son hechas nuevas. A medida que usted avance hacia la meta del supremo llamamiento habrá mucha persecución. Si no está experimentando mucha persecución por el nombre de Jesús, dése vuelta y corra: ¡está yendo en la dirección equivocada!

Mi oración es que los testimonios de este libro lo inspiren a seguir y que las enseñanzas lo hayan desafiado a ir más arriba. Mi palabra de aliento para usted es que ¡usted puede tener su pastel y también comérselo! Déjeme hacerle esta pregunta: ¿Para qué usted quiere un pastel que no puede comer? ¿Para qué quiere

> **Fe rancia es…la fe que se cansa de esperar en Dios.**

una promesa que nunca puede experimentar? Es por eso que debemos aprender la importancia de la posteridad sobre la prosperidad. La prosperidad es buena, pero cuando fijamos nuestras metas en la posteridad, ¡las promesas que no vivamos para ver serán realizadas por nuestra simiente! Gloria a Dios.

El pastel de que nunca se come representa la fe rancia. La fe rancia sigue siendo fe, o la fe que se cansa de esperar en Dios. Cualquier cosa que se sigue sintiendo yace latente. Sin embargo, las aguas dormidas operan en lo profundo. La Biblia nos dice que ríos de agua viva correrán de nuestro interior. Haga usted lo que haga en la vida, nunca estará cómodo donde esté. ¡Dios siempre tiene un siguiente nivel para usted, un lugar llamado el próximo! Cuando algo se estanca se convierte en ineficaz y pierde valor. Los resultados son terrenos estériles que carecen de capacidad reproductiva. Dios nos manda ser fructíferos.

Tenemos la responsabilidad de creer en Dios hasta el fin. No importa cuáles parezcan ser las circunstancias, hay más por nosotros que los que pueda haber contra nosotros. Los cuatro leprosos de 2 Reyes 7 aun no tenían fe. Se levantaron de su problema y fueron hacia la respuesta. El capitán de la puerta de Samaria cuestionó a Dios. Preguntó: "¿Puede Dios hacer esto?". El profeta ya había hablado en el nombre del Señor. Le dijo al malvado capitán: "Lo verás con tus propios ojos…, pero

> Si no está experimentando mucha persecución por el nombre de Jesús, dése vuelta y corra: ¡está yendo en la dirección equivocada!

no llegarás a comerlo" (NVI). En otras palabras, dijo que el capitán no podría tener su pastel y también comérselo.

El espíritu de transigencia se ha desatado en la tierra. La gente está transigiendo porque no puede esperar en Dios lo suficiente como para creerle. Algunos que empezaron con nosotros no están a nuestro alrededor para experimentar lo que Dios prometió. No era solo mi promesa, sino también una promesa para los que estaban alrededor de nosotros. El profeta habló sobre toda la ciudad de Samaria, sin embargo, los leprosos oyeron la palabra, y recibieron para sí mismos. Reciba esta palabra para usted: mañana a esta hora del día la bendición del Señor va a caer sobre el pueblo de Dios y se va a apoderar del cuerpo de Cristo.

Quédese quieto y vea la salvación del Señor. No pierda la cabeza por todo viento de doctrina ni se salga de lugar por los espíritus de error y de ofensa. Esta es su temporada, pero usted debe saberlo por sí mismo. Sí, el enemigo puede entrar, pero es la voluntad de Dios usar la tribulación para elevar el estándar de su vida. Usted está en el mejor lugar donde podría estar: el cuerpo de Cristo. Aunque es posible que tengamos problemas por todas partes, no hay lugar como el hogar (la iglesia). Usted solo necesita fuerza para soportar hasta que Dios lo pueda traer de su desastre a su milagro.

> La gente está transigiendo porque no puede esperar en Dios lo suficiente como para creerle.

Recuerde, si cree y no transige, ¡usted puede tener su pastel y también comérselo!

Desde el corazón de la
APÓSTOL KIMBERLY DANIELS

A DIOS SEA LA GLORIA POR LAS GRANDES COSAS QUE HA HECHO

INFORMACIÓN DE CONTACTO:

Dirección: Kimberly Daniels
P.O. Box 28007
Jacksonville, FL 32226

Teléfono: (904) 237-9363

Fax: (904) 598-2900

Correo electrónico: info@kimberlydaniels.com

Página web: KimberlyDaniels.net